精神分析が生まれるところ
間主観性理論が導く出会いの原点

富樫公一
Koichi Togashi

岩崎学術出版社

はじめに

　臨床家はどのように苦悩する患者に出会うのか？　苦悩する患者とのやり取りで，臨床家自身も傷つきを背負うかもしれない中で，臨床家はどのようにして患者に向き合うのか？　人は人であろうとする限り傷つきやすく，脆弱である。それでも臨床家は人として患者に出会い，人としての悲しみに付き合う。その出会いとは何だろうか。精神分析や精神分析的心理療法に携わる臨床家は，意外にも，そうしたことをそれほど深く考えてこなかった。本書は，精神分析や精神分析的心理療法に携わる専門家とともに，その臨床実践を倫理という側面から考えようとするものである。これはもちろん，精神分析に限らず，精神医学やその他の心理療法に携わる臨床家，そして，医療や福祉，教育，司法領域で人に向き合うさまざまな専門家と共有されるテーマである。
　倫理といっても，本書で述べるそれは，臨床実践上の原則（倫理綱領）や，道徳心の発達理論といったものではない。それは，人が人と出会うところにすべてが生まれるという視座から，臨床上のさまざまな問題を検証しようとするものである。言い換えれば本書は，そういった視座から精神分析の理論体系や臨床実践を見直し，私たちの仕事がどのようなものなのかを記述しようとするものである。
　私たちは，暴力や差別，災害，戦争，虐待などによって人間性を奪われたり，破壊されたりした患者の苦悩に向き合う。そのとき私たちは患者にどのように出会い，どのように患者に向き合うのか。その患者は目の前に現れた私たちとどのように出会い，どのようにかかわるのか。そのような出会いの中で，私たちが精神分析理論を用い，臨床実践を行うとはどういうことなのか。倫理という側面からそれをとらえなおしてみ

ると，精神分析理論や実践もこれまで論じられてきたものとは異なった表情を見せる。

　本書は，近年米国で興ったムーヴメント「精神分析の倫理的転回（Ethical Turn in Psychoanalysis）」（Baraitser, 2008; Corpt, 2013, 2016; Orange, 2014a, 2014b, 2016a, 2016b, 2017; Sucharov, 2014; Brothers, 2014b; Goodman & Severson, 2016; Katz, 2016; 富樫, 2016a, 2016b; Togashi, 2017a, 2017b；Brothers & Togashi, in press）に歩調を合わせたものである。このムーヴメントの中心にいるのが，間主観性システム理論や関係精神分析をけん引する精神分析家たちと，以前から彼らと交流があった哲学者や神学者たちである。彼らは，心理学，政治学，環境学，社会学など，さまざまな領域で社会的不公正や人間性喪失の問題に取り組む研究者と学際的議論を行ってきた。それはやがて一つのまとまりとなり，2010年に「Psychology and the Other」と名付けられた学会ができた（第一回総会は2011年）。精神分析の倫理的転回はそこを中心に動き始めた。

　倫理的転回自体は，最近始まったものでも，精神分析だけのものでもない。それは哲学や美学，文学，政治学，宗教学，法学など，人文科学とその応用実践領域を中心に，20世紀後半に生じた思想や価値，視座の転換である。そこにあるのは，自分が探求し発見したと考える真理やメカニズムを記述することは，それに対して自分がどのように振舞うべきかという倫理的態度そのものであることを認識する視座である。具体的な作業としてのそれは，既存の知見や理論に関する道徳哲学からの評価，その学問や考え方自体に含まれる価値体系の問い直し，他者との出会いの周辺に生じる私の責任，個人的・経済的・社会的暴力の倫理的問題の検証である。それは結果的に，それ以前の教条的で覇権的なパラダイムに異を唱え，自分と他者とのかかわりが人間的かどうかを問う。倫理的転回に敏感な者は，物事の構造や真理の解明よりも，人がどのように他者とかかわり，そこにどのように世界ができ，何を人間的とするかにより強い関心を向ける。

こうした関心は，これまでの精神分析が関心を向けてきたものとは深く関係するものの，本質的に異なる側面を持っている。これまでの精神分析が関心を向けてきたのは，患者がどのように傷つき，その傷つきが患者自身や治療者の心にどのような影響を与えるのか，患者の心は傷つきの周辺にどのようにオーガナイズされるのか，そして，壊された患者の心はどのように修復されるのか，である。それに答えるために，自我心理学は個人内界的なプロセスを調整する機能を持った自我システムを考案し，対象関係論は自己表象と対象表象との間に繰り広げられる相互的やり取りを仮定した。自己心理学は，人との関係の中で，融和化したり，断片化したりする自己の調整システムを考え出した。近年の「関係性への転回（Relational Turn in Psychoanalysis）」（Mitchell & Black, 1995; Greenberg & Mitchell, 1983; Aron, 1996; Mitchell, 1988, 1993, 1997, 2000; Ghent, 1989, 2002; Benjamin, 1988, 1990, 1995）は，すべての人間の心やオーガナイゼーションが相互交流するという新たな視座を生み出したが，それでも彼らが最終的に描こうとしたのは，精神分析的関係に浮かび上がる間主観的プロセスの動き方や不具合である。

　倫理的転回は，臨床家のそうした姿勢の再検証を求める。自分の前にいる患者の中に私たちが見るべきなのは，システムとしての心なのか。私たちが向き合っているのは，患者の機能的障害なのか。患者にとって私たちはただの専門家にすぎず，患者に何らかの体験をもたらす対象にすぎないのだろうか。目の前に現れた患者が永遠の『他者』であり，その人との出会いの中で私たちの仕事や存在がはじめて意味を成すのであれば，私たちがとらえるべきなのは，患者の問題や機能的障害ではないのかもしれない。彼らが私たちにかかわろうとするのは，私たちが専門家だからでも，私たちが彼らに何らかの体験を提供する対象だからでもないかもしれない。私たちがとらえようとしているのは人であり，患者は私たちが人だから会いに来る。精神分析の理論体系は，そのように私たちが素直に患者に向き合うことを妨げていなかっただろうか。精神分

析の技法論は，私たちの仕事を患者という対象とのかかわりだけに限定してこなかっただろうか。

　本書は三部構成で，各部はそれぞれ独立した三章から四章の論文からなっている。第一部は「間主観性理論から倫理的転回へ」，第二部は「倫理的転回からの精神分析概念の再考」，第三部は「倫理的転回と臨床実践」と題した。第一部の「間主観性理論から倫理的転回へ」では，倫理的転回の歴史的背景と，今まさに動いている倫理的転回の方向性とそこに含まれる問題を概観する。そのうえで，私が長年問い続けてきたKohut理論に含まれる人間性のテーマを考察する。第二部の「倫理的転回からの精神分析概念の再考」では，自己体験・自己対象・共感・解釈・転移・逆転移といった精神分析の基本概念を倫理的転回の視座から問い直す。そこで注目されるのは，他者としての患者に出会うことの意味と，臨床作業の不可知性の倫理的意味である。第三部の「倫理的転回と臨床実践」では，他者としての患者に向き合い，情緒的な関係を持つこと自体が，治療者にどのような責任と関与を求めるのかを論じる。

　本書を読み始めると読者はすぐに，倫理的転回は関係性への転回と深いつながりがあり，その発展形であることを理解するだろう。第4章で詳しく論じるように，倫理的転回は，関係性への転回を生み出した関係精神分析，フェミニズム精神分析，間主観性システム理論の発展形である。こうした理論は，臨床実践が**その**患者と**その**治療者の**その**関係の文脈に組み込まれたものであることを明らかにし，二者関係プロセスを詳細に記述してきた。倫理的転回は，患者と治療者の出会いが関係プロセスや精神分析的理解をどのように生み出し臨床実践をどのように人間的にし，非人間的にするのかを検証しようとするものである。そういった立場から，ほとんどの章では，さまざまな精神分析の概念や作業を関係性の視座から整理し，そのうえでそれを倫理的視座からとらえなおすという流れになっている。読者は，関係性の視座がどのように倫理的視座へと移り行くのかに注目しながら読み進めてもらいたい。

本書の多くは，これまで私がいくつかの場所で発表してきたものである。第 1 章は日本精神分析的自己心理学協会・名古屋セミナー（2017）で発表した原稿を加筆修正したものである。第 2 章は，愛知総合 HEAR センター心理学講座（2017）で発表した内容を基にまとめたものである。第 3 章と第 4 章はそれぞれ，「精神療法」誌に掲載された論文「ポストコフートの自己心理学」（42 巻 3 号，2016）と「精神分析の倫理的転回とその意味」（44 巻 1 号，2018）を一部修正したものである。第 5 章は「甲南心理臨床学会紀要」に掲載された「双子自己対象体験とその臨床的意義：人間であるという感覚とその喪失」（第 19 号，2017）を一部修正したものだが，その内容は，私が同僚とともに出版した英文書籍『Kohut's Twinship Across Cultures: The Psychology of being Human. (Routledge, 2015)』の内容をダイジェストで解説したものである。第 6 章は，2017 年に日本精神分析的自己心理学協会の公開セミナーで発表したものを本書に合わせて再構成したものである。第 7 章と第 8 章は小寺精神分析記念財団の教育研修セミナーでそれぞれ 2017 年と 2016 年に口頭発表したもの，第 9 章は大阪精神分析セミナーの公開講座の口頭発表を加筆修正したものである。第 10 章は，私のこれまでの講演を一部使いながら本書のために書き下ろした。第 11 章は「精神分析的心理療法フォーラム」誌に掲載された「治療的相互交流の三つの次元：主観的次元，インプリシットな次元，そして治療以前の倫理的体験」（5 巻，2017）を一部修正したものである。こうした原稿はいずれも，私を支えてくれる多くの同僚や友人との議論があって初めて出来上がったものである。それぞれの機会を与えてくれた台湾，日本，米国の同僚や友人たちに，この場を借りて深く感謝したい。特に，私に本書を出版する機会を与えていただき，私が一番伝えたいと思っている内容をごく普通の感性で即座に理解してくれた岩崎学術出版社の長谷川純氏には心から感謝したい。

目　次

はじめに　iii

序章　精神分析の世界の誕生　xi

第一部　間主観性理論から倫理的転回へ

第1章　間主観性理論と倫理——入門編　3

第2章　臨床的営みの加害性　24

第3章　精神分析的システム理論と人間であることの心理学　41

第4章　精神分析の倫理的転回とその意味　53

第二部　倫理的転回からの精神分析概念の再考

第5章　人間であることの心理学　69

第6章　自己対象概念再考——対象から他者へ　85

第7章　共感と解釈　108

第8章　逆転移と共転移　127

第三部　倫理的転回と臨床実践

第9章　二つの間主観性理論，そしてサードとゼロ　　*143*

第10章　関係の行き詰まりと倫理　　*163*

第11章　治療的相互交流と相互交流以前の人間的
　　　　出会い　　*181*

エピローグ——精神分析理論との出会い　　*199*

文　　献　　*205*

人名索引　　*219*

事項索引　　*221*

序　章　精神分析の世界の誕生

　あなたは，精神分析療法を求める人から最初に電話やメールを受け取る。その人の声や文面を見たあなたは，それに何らかの応答をする。それは相手が「患者」だからではない。それは相手が「誰か」だからである。間違い電話の場合でもあなたは応答する。よほどの場合でない限り，あなたがそれを無視することはない。あなたは，やがて患者と呼ばれることになる人の苦悩や恥，さみしさ，悲しさを感じ取る前に，あるいはそのときの自分の状況を判断する前に，すでにその人に関与しているのである。あなたがその人に応じるのは，相手が好きだからでも，自分と同じだからでも，憐れむべき相手だからでも，金銭を提供してくれるからでもない。それはその人であったということ以外に文脈のない瞬間である。文脈のない瞬間にその人に呼びかけられたあなたは，その人に応答せざるを得ない。あなたは優しく「あなたのために時間を取りましょう」というかもしれないし，「何でしょうか」と事務的に聞くかもしれない。あるいはまた，あなたは，新しい患者を引き受ける余裕がない中で一瞬戸惑いながら「えーと」とつぶやくかもしれない。しかしあなたは，そこに登場した今までいなかったその人の問いかけを無視できない。目の前に表れた了解できないその人は，自分に応じるようにとあなたに呼び掛ける。あなたは何よりもまずそれに応じる。精神分析の作業が生まれるのはその瞬間である。そこに，患者が生まれ，治療者という役割が生まれる。

　精神分析という職業的な出会いの最初の段階で，治療者は患者の話を

共感的に聞こうとするかもしれないし，契約上の話をしようとするかもしれないし，あるいは，簡単なアセスメントをするために必要な情報を集めようとするかもしれないが，そこで用いられる臨床的な判断や技法，専門的作業に必要な手続きは，その人との出会いのあとに生み出されたものである。手続きが最初にあるわけではない。そうした手続きによって患者は泣き出すかもしれないし，淡々と感情を交えずに話をするかもしれない。あるいは，患者は苛立ちを示すかもしれない。それを見た治療者は，「境界例」とか「発達障害」とか，あるいは，「比較的健康な人」とか，「現実的な契約ができない人」といった形で患者を評価するかもしれない。それはさらに患者を患者にし，治療者を治療者にする。二人のやりとりは二人の出会いから生まれ，二人のやりとりがその出会いを生む。

そこで治療者は問わなければならない。その診断がつく患者は，自分との出会いの前から存在していたのか，あるいは，その出会いによって生み出された存在なのか。自分が持ち出した診断や手続きは，その患者と出会う前からあったのか，あるいは，その出会いによって生み出されたのか。治療者が今見ている愛に飢えた患者，怒りに満ちた患者は，彼らと自分が出会う前から存在していたのか。事務的な治療者，権威的な治療者は，その出会いの前から存在していたのか。不思議なことに臨床家は，そのような場合ほとんど，患者はもともと愛に飢えていて，怒りに満ちていたと判断し，治療者はもともと事務的だったわけではなく，権威的でもなかったと考える。治療者は，世界は初めからある形をもってそこにあり，それを自分が後から判断しているだけだと感じてしまう。

そのとき，治療者はすでに重要なものを失っている。それは，人らしさである。自分の目の前の人は，そのときすでに患者という対象，あるいは，役割になっていて，それと向き合う自分はその時すでに，治療者という対象，あるいは，役割になっている。そのような見方は確かに，治療者に一つの確かさをくれるだろう。患者は対象として輪郭づけされ，

自分とその人の出会いは精神分析的作業として明確化されるからである。あいまいさを失ったその関係は，そのような見方で輪郭づけられた世界の中で評価され，そしてその評価は治療者と患者の確信となってその世界をさらに明確なものにする。人間的あいまいさを失った明確な世界は，人間的な出会いの多くのものをそぎ落とし，否定する。それでも私たちは，その誘惑から逃れることはできない。

　私たちがその誘惑に自覚的になるとき，そこに見えてくるのは，文脈のない瞬間に文脈が生まれるプロセスである。言いかえればそれは，世界が生まれる前の出会いから生まれた世界が，それを生み出した出会いに輪郭を与え，そこに，ある「事実」が作られていくプロセスである。ある患者とある治療者との出会いの瞬間は，精神分析以前の出会いであり，精神分析の始まりのゼロのポイントである。しかし，文脈のない瞬間を記述しようとすると，それはすぐに精神分析の文脈の中に位置づけられてしまう。ゼロから生まれた世界が精神分析的関係として定義されると，そこに参加する二者に特定の役割と形が与えられる。そこで私たちは，その役割と形，つまり「問題を持った患者」を発見する。そして彼らが，最初からそこにいたと錯覚する。

　第4章で詳しく述べるように，精神分析の倫理的転回は，間主観性システム理論や関係性理論が展開したことによって生まれた流れだが，人と人との出会いとしてみると，本来それは逆の方向の流れである。間主観的システム理論や関係性理論が関係のプロセスを明らかにしたから倫理的かかわりが生まれたのではなく，倫理的かかわりがあったらからこそ，間主観性システム理論や関係性理論が生まれたのである。しかし私たちは，多くの場合，間主観性システム理論や関係性理論が明らかにしたモデルは，私たちが発見できなかっただけで，ずっと以前から世の中の真理としてそこにあったものだと思いたがる。

　Greenberg（1981）は，精神分析理論について，もともとは臨床状況に生じたことをそのまま記述しただけのものが，のちの臨床家によって

処方として扱われる問題について検証し，それを「記述と処方の問題」と位置づけた（吾妻，2011）。Freudはもともと，自分を訪れてきた患者と出会い，そこで行われたやり取りを記述しただけだった。しかしその記述は，そのただの出会いを輪郭づけし，意味を構築し，そのやり取りを技法化することになった。そのようにして誕生した精神分析の世界は，次の出会いからは，その出会いの前からあったものとしてその出会いを形作るために用いられる。臨床家はそのときすでに，素直にただそこにいるその人に出会うことができなくなっている。

　文脈のない瞬間は，最初の出会いだけを意味するわけではない。その瞬間は，対話する二人の間に永遠に存在する瞬間でもある。一回のセッションにもその瞬間は無数にあり，十年間のセッションもすべてがその瞬間である。二人の対話は文脈のない瞬間のまとまりだと述べることもできる。その瞬間は常にすべての可能性を含んで，文脈を生み出し続ける。

　倫理的転回は，治療者が，患者と自分がそのような世界の作られ方の中に生きていることに自覚的になり，出会いの原点に立ち戻ることを求める。私たちはすでに多くのもの学び，経験している。一人の患者との出会いについても，出会う前からすでに私たちは一つの見方を持っている。出会った瞬間はゼロであったとしても，次の瞬間には治療者はすでに，そこから生み出された世界を通して出会いをとらえている。私たちは生み出されたものを通して，生み出したものを評価してしまう。しかし私たちは，その逆転に自覚的になることで，何もない出会いの瞬間は，長く続く二人の関係のさまざまな瞬間にちりばめられていることを知る。治療プロセスを丁寧に見てみると，治療者には，自分も相手もなく，理論もこだわりもなく，ただある瞬間何も考えずに，何も構えることなく相手と過ごしている瞬間がある。もちろん患者もそうである。一つのセッションにおいて，すべての瞬間が何かの考えや感情，方向性で満たされているということはない。その一瞬の隙に，出会いの原点が垣間見え

るかもしれない。その原点は，そこから二人が新たに生み出される余地である。それはすべての始まりでもあり，二人が作った原点でもある。

　私が呼ぶ「ゼロのポイント」は，そのような原点である（Togashi, 2017e）。ゼロは精神分析的二者関係そのものであり，精神分析的二者関係以前の人どうしの出会いである。そこには，治療者も患者もなく，また理論や考えもない。それは「もの想い」（Ogden, 1997）でさえない。私たちは精神分析的ゼロから生まれた。ゼロを失った治療関係は，弾力性と人間性を失う。私たちは常にそれに立ち返り，自分の患者への出会い方を見つめ続ける必要があるだろう。

第一部
間主観性理論から倫理的転回へ

第1章　間主観性理論と倫理——入門編

　本章は,「間主観性理論と倫理——入門編」というタイトルで述べてみたい。私はこれを書くにあたり「入門」とは何だろうかと,考えてみた。そして考え出してすぐ,これは想像以上に難しい問いであることに気がついた。入門という名前が付くと,読者は簡単な話だろうと想像するかもしれない。しかし,入門とは「簡単な話」を意味するのだろうかと,もう一度考えてみる必要があるように思われた。
　考えれば考えるほど,なかなか話の内容が決まらない。やがて気がついたのは,自分が二つの考えに分断されていることだ。入門を書くにしても,二つの方法のどっちを優先すべきなのか,自分が迷っていることに気がついたのである。一つは「入門」なので,できるだけ難しくならないように,間主観性理論と倫理に興味を持ってもらうことを目的に記述することである。この方法はしかし,いざやろうとすると,それでいいのだろうかと考え込んでしまう。簡単にするということは,ときには基本を無視してできるだけわかりやすく,面白おかしく語る態度につながる。これは実は,あまり誠実な方法ではないように感じられる。
　もう一つは「入門」ということなので,基本を理解するために最も重要な内容を記述するという方法である。間主観性理論と倫理に興味を持った方が,それを基礎として今後考えを広げられるようにすることを目的とするならば,それが最も誠実な方法かもしれない。ただしこれは,もしかしたら最も難しい話になるかもしれない。「それでは入門ではない」と言う読者も出てくるかもしれない。しかし,入門が簡単だとは実

は誰も言っていない。簡単であることを一義としたいのであれば,「簡単な間主観性理論と倫理」と言えばよいはずである。しかし本章のタイトルは「間主観性理論と倫理——入門編」だから,簡単である必要はないともいえる。

しかし,ここで一つ問題が出てくる。「入門」をめぐって,読者と私との間に理解が異なる部分があるかもしれないということである。読者の「入門」と,私の「入門」は異なって解釈されているかもしれない。読者の「入門」は簡単な内容で,私の「入門」はそうではないかもしれない。そうだとすると,本章が「入門」になるのかどうかは,読者と私とがどのようにお互いの「入門」を解釈するのかにかかっているようである。

では,どうしたらよいのだろうか。私がここで「入門とはこういうものである」と主張し,それに読者を従わせればいいのだろうか。あるいは,読者が考える「入門」に私が合わせればいいのだろうか。しかし,それが可能だとしたら,一方の主義主張に一方の主体性を従属させるだけになってしまう。それは暴力であって,対話でも学習でもない。とはいえ,それができないとしたら永遠に「入門」がどこにあるのか定まらない可能性もあるのではないかと,不安も覚える。

さらに考えると,そもそも「入門」というものが存在するのかという問いが浮かび上がる。どこかに入門という実体があるのだろうか。それはもしかしたら,読者と私がここでこうして「入門」のつもりで読んだり書いたりしているから,これが「入門」となるだけなのかもしれない。どんな話であっても,私たちが入門だと思って対話していれば,それが入門なのかもしれない。だとしたら,入門とはもともと存在するものではなく,人と人が出会ってから初めてそこに生まれるものだということになる。

さて,私はなぜこんなことを書いているのだろうか。私がここで行

っているのは，「入門とは簡単である」という前提を一度カッコに入れ，その前提を検証してみること，そして「参加者と私との間に入門という言葉の解釈をめぐって一致することがあるのか」と問いかけてみること，さらに「入門はどこに存在するのか」と考えてみることである。私の考えでは，これが間主観性理論と倫理を考える際の最も基本的な態度である。

　たとえば「患者の問題は父親への葛藤である」という治療者の理解を考えてみよう。それは真実を記述したことと言えるのか，と問いかけてみる。そして「問題という言葉をめぐって，患者と治療者の解釈が一致することはあるのか」，「問題はどこに存在するのか」と問いかけてみる。間主観性理論と倫理は，このようにしてこれまでの精神分析が当たり前だと考えてきた前提を問い直してみる態度をその考えの中核に据える。エナクトメント，共転移，Authenticity，意味了解の共同作業，アーティキュレーション，intersubjective conjunction & disjunctionなど，間主観性理論はさまざまな言葉を生み出してきたが，それは，それまでの精神分析がモデルとしてきたものにとって代わる概念ではない。それは，精神分析の前提を問い直す作業の中で，そのような言葉でなければ表現できない感性を示す言葉である。その感覚がよくつかめないままこの言葉を使っていると，いくら私たちが症例を間主観的に見ようとしても，結局伝統的精神分析に舞い戻るのである。「間主観性」をテーマにすると宣言して書かれた論文が，結局間主観的な内容になっておらず，伝統的精神分析のようなものになっていることがあるのはそのせいだろう。

　それでも本章は入門なので，歴史的背景から入りたいと思う。精神分析が間主観性理論，または関係性理論へと向かう歴史的背景である二者心理学の発展と，それを取り巻く学問的背景を概観してみることにする。そののち，先ほど述べた間主観性理論の中核にある感性について一つ一つ確認していこう。本章で読者とともに考えてみたいのはその感性なので，体の感覚で体験するように読み進めてもらいたい。

I. 二者心理学の歴史とポスト・モダニズム

　間主観性理論は米国精神分析における二者心理学の発展の歴史の中に位置づけられる。二者心理学の展開によって間主観性理論は発展し，間主観性理論は二者心理学の歴史的展開を牽引した。二者心理学という言葉について本格的に議論し始めたのは Balint（1958）である。彼はこういう。

> 精神分析療法は，「十分に磨かれた鏡」という古典的感覚においてでさえ，本質的に対象関係である。最終的に患者の心の治療的変化に結びつくすべての出来事は，二者関係（two-person relationship）において起きる出来事によって開始される。それは，二者の間に本質的に起きることで，二者のうちの一人の中だけで起きるものではない。
>
> 　　　　　　　　　　　　　　　　　　　（Balint, 1958, p.331）

　Balint（1958）は，精神分析的関係を構築しにくい患者がエディプス状況の「三者関係」に十分耐えることができない現象に注目した。彼は，そのような患者は，二者関係の中で問題を感じ，そこで苦痛を感じやすいことに触れ，そのような体験のもととなっているものとして基本的不具合（basic fault）という概念を提唱した。彼はそこで，三者関係に注目してきた精神分析が二者関係に注目する重要性を強調し，個人の問題は関係の影響を強く受けていると主張した。彼は，治療状況には治療者自身の理論の持ち方も強く影響しており，患者の転移は治療者の態度の影響を受けた領域に展開すると述べたのである。彼の考え方は，転移関係は個人のものではなく，二者関係状況に生じるものであることを明確にし，そこに参加する両者がその影響によって変化する現象をとらえた

という点で，非常に現代的である。ただ彼は，そのような見方はあくまでも一時的なもので，治療者が観察者の位置を維持することの重要性を強調したという点で，伝統的精神分析の中にとどまっている。

　Modell（1988）は，「私」を「自我」としてとらえてきた精神分析が，私を「自己」として概念化したことが，二者心理学への移行の始まりだったと主張する。同じ「私」であっても，自我というシステムは，個人の中だけで完結する心理プロセスを前提としている。一方，Kohut（1977）やWinnicott（1960）が仮定した「自己」は，他者の影響によってオーガナイズされる「私」を前提としたもので，心を独立した自律的プロセスとは見なしていない。精神分析はそこで，その内部から影響を受けるだけでなく，対象から扱われる方法に影響を受ける主体の体験を扱うようになったのである。特にそれは，自己愛的と言われる患者の体験は，二者関係の影響抜きに理解できないという臨床的な問題から始まった。

　以上を概観すると，二者心理学の初期の定義は，転移や自己状態などの患者の心のあり方を，治療者との関係にすでに影響を受けたものだと考える視座，と述べることができる。やがてその考えは，心を「内のもの」と「外のもの」とに分ける二項対立をどのように乗り越えるのかという議論に発展する。一方が一方に影響を受けているということを認めると，患者の心は患者の「内」の問題としてのみとらえられないことになるからである。西洋哲学自体がカント的二分法の影響を強く受けているため，精神分析も，心と環境との議論において，長い間それを，「内のもの」と「外のもの」として区別し，対立的なものとして扱ってきた。二者心理学は，その対立を乗り越え，どちらか一方のみが重要なのではなく，その双方が互いに影響しつつ精神分析的プロセスが展開する様子をとらえようとする。もちろんこれは，ポスト・モダニズム全体に流れる考え方である。

　自我心理学の立場から二項対立を乗り越えようとしたのは，Gill

(1994) である。二者心理学という言葉をムーヴメントにした一人が彼である。彼は，精神内界の問題のみを扱うのが精神分析的な治療だと考える自我心理学の内部から，外界と内界の相互的な影響を重視する姿勢を打ち出した。彼は，内界と外界のどちらが重要かという議論は現実的ではなく，結局のところどちらも重要で切り離すことができないものだとした。彼はつまり，自我心理学の中に「外のもの」の影響を考える基盤を持ち込んだのである。

　対象関係と対人関係という視点から，「外のもの」と「内のもの」の二項対立を乗り越えようとしたのが，Mitchell (Greenberg & Mitchell, 1983; Mitchell, 1988, 1993) である。対象関係は心の中に展開する関係性をとらえようとする言葉である。一方，対人関係は人と人との関係という主に外側の関係性をとらえようとする言葉である。対人関係論と対象関係論の双方の教育と訓練を受けた Mitchell は，その両者が互いに相互排除的であるかのように議論されることに疑問を覚えた。彼からすれば，対象関係は対人関係の影響を考慮せずに理解することはできず，対人関係は対象関係の影響を考慮せずに理解することはできないからである。そして彼は，その二項対立を弁証法的に止揚する姿勢を強調した。それが現在の関係精神分析の源流となる。ちなみに Mitchell は，「内界・外界」の二項対立のみならず，精神分析全体に流れるほとんどすべての二項対立の図式に挑戦した理論家である。たとえばそれは，「本能的発達を導く性 vs. 関係の配置が表現される性」「防衛としての自己愛 vs. 創造性としての自己愛」「葛藤 vs. 発達の阻害」「統一された自己 vs. 多重の自己」「一次的な怒り vs. 二次的な怒り」（富樫, 2011d）などである。Mitchell から始まる関係精神分析は，そういった意味でポスト・モダニズムの強い影響を受けている。

　Benjamin (1990, 2010) は，フェミニズムの立場から対象関係論的視座に主体と主体との関係の次元を持ち込んだ。Benjamin (1988, 1995) の出発点は，ジェンダー自己を「関係内自己」という点から論じた

Chodorow（1978）の考えを批判的に拡張したことにある。Chodorowは Freud（1925, 1931）がジェンダーの違いを解剖学的に運命づけられたものだとしたことを批判し，ジェンダーの違いは，男児も女児も母親から養育されることが多いという文化的な非対称性から生じる，と述べた。母親という特定のジェンダーが主に子どもを養育するという状況が，男児と女児の傾向の違いとなって表れるというわけである。Benjaminは，その考えを認めたうえで，そこに「欲望の主体としての母（女性）」の考えを組み込んだ。母子関係は，欲望の対象としての母と欲望の対象としての子どもという，互いが互いに所有されたものとして扱われる次元だけでなく，相手の中で対象化された母親とは異なる文脈にある自分と，自分の中で対象化された子どもとは異なる相手，との関係の次元も考慮しなければならないと述べたのである。それが，母親と子ども双方の主体性の相互承認である。彼女は対象関係としての母子関係と，主体どうしのかかわりあいの両方を考えた母子関係発達図式を作ったのである。

　間主観的感性を身に着けようとする者は，まず，このような二項対立とそれを止揚する弁証法的感性に敏感にならなければならない。たとえば，このような患者に出会ったとしよう。

　患者は30代の専門職の女性である。彼女は慢性的な抑うつ感と空虚感を訴えて治療にやってきた。彼女の抑うつ感は，ひどくなると希死念慮を伴うようになるもので，セッションでも死にたいと訴えることが度々あった。治療者は著書がいくつかある理論家で，切れ味良く理論的にしゃべる人だった。週一回のセッションをしばらく続けていると，彼女は治療者の前であまり話をしなくなる。そして毎回もじもじとして，明瞭な言葉遣いをしなくなる。何を感じているのかと尋ねると，彼女は「だって，先生，私のこと嫌いだもん」と下を向いてしまう。もともとその日は何となく一緒にいるのが落ち着かなかった治療者は，それを聞いてさらに嫌な気分になる。彼女は知的な患者ではあったが，それまでの経歴を聞くと，男性との関係は安定せず，短い関係で終わるか，ある

いは，自分の意見を強く押し出す男性に振り回されて彼女が疲れてしまうかのどちらかだった。

　この患者の話を聞き，私たちは何を考えるだろうか。「ああ，この患者さんは未熟なパーソナリティなのだな」と思ったり，「主体性が乏しいのだな」とか「受動的攻撃性があるかもしれない」と思ったりしなかっただろうか。この時点ですでに，私たちは「内」と「外」に分断された思考に支配されている。この患者の中にどのような病理が潜んでいるのだろうかと，患者の内側に何かがあるというものの見方をしたからである。彼女の様子の中に，治療者自身がそれに参与している側面や，治療者側にある特性，あるいは両者がおかれている文脈や状況を考慮することを忘れているわけである。

　では，私たちがこのヴィネットについて，「治療者の論理的で知的なものの言い方がなければこうならなかった」とか「教育分析が不十分な治療者の逆転移が患者をそのようにさせた」と理解すればよいだろうか。これは経験を積んだ臨床家が，初心の臨床家に対してしばしば用いる台詞だが，これはこれで問題である。患者の様子の中に，彼女自身が寄与している側面や，彼女自身の特性があることを考慮していないからである。どちらの見方であってもこれは，両者が置かれている状況性——つまり文脈——を考慮していないのが特徴である。

　まずはこの感覚をしっかりとつかんでおくことが重要である。それは，自分がいかに「内」と「外」に分断された思考を持っているのかに気がつく姿勢でもある。私たちはそこから，完全に逃れることはできない。しかし，自分がそのような姿勢になっていることを知ることはできる。それを知ることができるようになったら，次にその両者のどちらか一方を捨てるのではなく，両者をどのようにともに成り立たせることができるのかと考える。こうした考えは，矛盾（contradiction）と葛藤（opposition）と対立からすべてを説明する原理を発展させた，ドイツの哲学者のHegel（1807）の考えを基盤としている。Hegelは，二項対立

に生じる矛盾は暫定的にまとまり，やがて，そこから新しい矛盾が生じるという流れにあると考え，その流れを弁証法と呼んだ。今の例でいえば，「彼女の心の中には未熟なパーソナリティがある」という理解と，「彼女にそのような態度をとらせたのは治療者だ」という理解は，当然のことながら，どちらが正しいというものではない。しかし私たちは，いつも，臨床的な議論においてそのどちらの理解を是とするのかにこだわる。それはすでに，二項対立に分断された思考である。

II. 解釈学的感性

　間主観的視座は，「内」と「外」の二項対立をいかに弁証法的に止揚するのかを一つのテーマとしている。そのような考え方をする臨床家は，心の内の問題と心の外の問題を区別できない中で，どのように仕事をするのかと自らに問う。そのような問いは，私たちの精神分析的な営みのいくつかを再考させることになる。一つは，私たちが見ているものが何かということで，それは主観的体験や情緒的体験，オーガナイジング・プリンシプル，間主観的フィールドをどのように考えるのかということに関係する。二つ目は，私たちが理解するとはどういうことかということで，それは現実や解釈，診断，病理，客観性をどのように考えるかということと関係する。三つ目は私たちの営みはどういうものかということで，患者と治療者という役割や問題，心はどこにあるのかということと関係する。

1. 私たちは何を見ているか

　Edmund Husserl（1913）の現象学は，カテゴリーやそれまで当然と考えられてきた考えを一度カッコに入れ，そして，そのもの自体に注意を払うことを求める。この方法によってようやく，主体（観）は客体と出会うことができる。客体は主体に印象を与えるからである。それは，

「知覚されるもの」がカテゴリー化された前提を超えて，その人がどのようにそれを知覚するのかといった主観的体験を描き出す方法だということもできる。

　先ほどの患者を見てみよう。その患者を見て治療者は，「ああ，この患者さんは未熟なパーソナリティなのだな」とか「主体性が乏しい」とか，あるいは「受動的攻撃性がある」と見立てたとしよう。その患者を前にした私たちにとっては，それはもう，揺るぎなく当たり前のことのように見える。しかし，本当にそうだろうかと，その判断を留保してみるわけである。すると何かが見えてくる。そこで見えてくるのは，その患者の真実の姿ではない。それは「どのようにして，そのような患者の姿が真実であると確信されたり，認識されたりするに至ったのか」というプロセスである。つまり，治療者がどのように世界を描き出したのかが浮かび上がってくる。

　患者は「毎回もじもじとして，明瞭な言葉遣いをしなくなる。何を感じているのかと尋ねると，彼女は『だって，先生，私のこと嫌いだもん』と言って下を向いてしま」う。そこで治療者は，「ああ，この患者さんは未熟なパーソナリティなのだな」とか「主体性が乏しい」とか，「受動的攻撃性がある」という自分の判断を一度中止する。つまり「それが真実であるとは誰も言っていない」と自らに問いかけるのである。すると，どのようにしてそのような判断がそこに生じたかのを考えなければならない。治療者はそこで，判断をするに至るような自らが持つ確信や情緒体験に目を向ける。あるいは，自分のこれまでの体験や，訓練，理論，文化などに目を向けるかもしれない。治療者はようやくそこで，自分の主観（体）に出会うことができる。第8章で詳しく述べるように，二者心理学が「逆転移」という言葉で単純に治療者の体験を語ってしまわないのは，彼らが見ているのが，患者の言動に対する治療者の反応ではなく，治療者の体験世界そのものだからである。患者が「未熟」なものを持っているという結論は，そのような言葉を発する女性にこれまで

嫌な思いをさせられた体験であったり，自分の意見は堂々と言うべきという自分の価値観であったり，あるいは男性の文化で生きる間に身に着けた感性であったり，こういう人はやがて自分に厄介なくらい依存してくるのだという予測や確信であったりと，そうした先入見の影響の中で描かれた世界かもしれないわけである。

　治療者が自らの世界観を描くうえでもともと持っている情緒的確信（Orange, 1995）を，Stolorowらはオーガナイジング・プリンシプルと呼んだ（Atwood & Stolorow, 1984）。私たちはその確信の中で世の中を描きだす。それはもちろん，患者にも当てはまる。患者もまたある種の情緒的確信を持っている。一人の人がもう一人の同じような情緒的確信を持った人に出会う。患者の「私のこと嫌いだもん」という確信は，治療者の真の姿を表しているかどうかわからないが，患者の真の体験を表している。患者は治療者を歪曲してみたのではない。彼女の見え方からすれば，それは疑いようもなくそう見えてしまう。それには患者のそれまでの歴史などの中で得た確信が影響しているかもしれない。治療者のこれまでの様子や男性一般のイメージもそこに加わっているかもしれない。それは，目の前の治療者が自分を見る際の「未熟に違いない」という「印象」にさえも影響を受けているかもしれない。そしてそこに，双方の情緒的確信に影響を受けたフィールドが浮かび上がる。これが間主観的フィールドである。患者の言説を患者が体験する世界を正直に描いたものとして了解することを，Orange（2011）は「信頼の解釈学」と呼んでいる。それは，患者の言葉の裏に何かあるとか，表現されたことは歪曲されたものであると考えるのではなく，患者の言葉はそのように見えたものをそのまま表現したものだと信頼しようとする考え方である。留意したいのは，それは患者の言説を「真実」だと無条件に信じることを意味するわけではないことである。

2. 私たちはどう理解しているか

「未熟な患者である」という記述が患者の真の姿を示しているわけではないとすると，それは治療者が行った一つの解釈である。私たちは精神分析的な営みの中で，ずっとそのような作業をしている。間主観的フィールドで出会う二人は，永遠に解釈的作業を行う人たちである。では，解釈とは何だろうか。Gadamer（1960）はこう述べる。

> 状況という概念の特徴は，われわれがそれを目のまえにしておらず，それゆえ，それについての対象的知識がもてないところにあるからである。ひとは状況のなかにあり，いつもすでに自らがある状況のなかに在ることを見いだす。この状況を明らかにすることはけっして完全には成し遂げられない課題である。これは解釈学的状況についても言える。解釈学的状況とは，われわれがそのなかで，理解すべき伝承に向かい合っている状況である。この状況の解明，すなわち作用史的反省もまた完全に成し遂げられることができない。しかし，完遂不可能なのは，反省に欠陥があるからではなく，歴史的存在としてのわれわれ自身の本質にある。歴史的であるということは，けっして自己知に解消されないということである。
>
> （Gadamer, 1960, 邦訳 p. 473。傍点は原文）

解釈は一つの出会いの中で生じる。自分がおかれている現在性や状況が，テクストや語りが持っている歴史性に出会うのである。自分とは違うものとの出会いによって，解釈が始まる。しかし Gadamer は，人はその際に先入見や伝統を逃れることができないとも説く。人は自分が生きる時代や文化の言語で考え世界をとらえようとする。そういった文化や言語から解き放たれて世界を認識できる人はいない。ただ，これが必ずしも悪いわけではない。問題なのは，先入見を正しいとして吟味することなく用いることである。普段は意識されていない自分の先入見や伝統が

意識されるのは,自分のおかれている現在とは異なる過去が働きかけてくるからで,それ自体を意識することはむしろ解釈にとって有用である。私たちは先入見と伝統の中にありながら,それを意識しつつ,それに縛られない形でテクストや語り,相手を了解しようとしなければならない。

　これは,私たちが精神分析臨床の中で行い続けている判断,解釈,診断,理解が,先入見と伝統を含んだ自分の現在や状況と,患者の異文化性との対話から生まれたものであることを示している。精神分析作業の中で私たちが何らかの判断をするのは,自分の文化と相手の文化とに違いがある場合である。これは,Stolorowら（Stolorow & Atwood, 1992）のいう intersubjective disjunction（間主観的へだたり）に当たる。先の例でいえば,患者はたまに「失礼します」といって入室してくるとしよう。それはもしかしたら,今回治療者が気になった「もじもじとして下を向いている」と同じ心持ちから出ているかもしれないが,それは治療者にとってあまりにも普通なことであるために,それを判断しようという作業が生まれない。関心を引きおこし,そして解釈と判断の行為を生みだすのは異文化との出会いなのである。

　しかし,異文化との出会いにおいて治療者はしばしば,自らの先入見と伝統を吟味することなく判断と解釈を行う。「もじもじとして下を向いている」態度は,その患者の文化の中では「未熟」であることを意味しない可能性を考慮しないのである。それは自分の文化においては,当たり前のように「未熟」を意味するという先験的態度があるからである。

　このような理解の中では,精神分析で重視されてきた解釈や再構成は,どのようなものだと考えられるだろうか。まず重要なのは,私たちが出した結論や理解が「真実」を言い当てたものではないことに自覚的になることである。つまり私たちの理解が,異文化との出会いの中で互いに了解された意味でしかないことを理解することである。Orange（1995）はこれを「make sense together（意味了解の共同作業）」と呼んだ。意味が二つの文化の異なる解釈の中に現れるものだとすると,意味とは同

一のものであると同時に，永遠に異なるものなのである。患者の表現は「未熟」であるとともに，一つの親しみを含んだかかわりの様式であったり，あるいは，彼女の文化では関係を壊さずに成り立たせるためのより成熟した方法であったりするかもしれないのである。そしてその意味は，常に状況によって変化しつつ異なったものとして私たちに語りかけてくる。

3. 問題や心はどこに存在するか

そのように考えると，私たちがとらえようとしている心はいったいどこにあるのかという話になる。それはもはや，客観的なものではなく，そこに自律的に存在したり，自己完結的に存在したりするものでもない。それは常に，私たちが生きている特定の時間と場所，つまり状況や文脈の中においてのみ存在するものだということになる (Stolorow, 2010a)。これは単純に，心が文脈的だと言っているわけではなく，文脈がある心的活動の背景を構成しているのだと言っているのでもない。心が組み込まれている文脈はあまりも広大で，文脈から心を区別しようとする試みはまったく意味をなさない。心は，「いつもすでに世界の中に存在する」のである。

患者の心を扱う精神分析的な営みは，そうすると，患者の心を探索するものというよりも，広大な状況を探索するようなものである。治療者と患者が患者の心がそこにあると思ってそこに集うから，そこに心というものが生じる。患者の問題もまた，患者と治療者がそこにあると思って出会うからそこに問題として現れてくるのである。これは転移にしても，抵抗にしても，語りにしても，時間にしても同じである。治療状況で言えば，治療者と患者がそこに出会うからこそ，初めてそこにそれが生まれるのであって，初めからそこにあるものではない。患者の心も治療者の心も，その瞬間にそこに生まれるのである。これは，Stolorow (2007) の「闇の中の同朋」との出会いにも含まれるような，間主観性

システム理論の中核的世界観である。トラウマは間主観的フィールドを氷漬けにするが，トラウマ化された両者が人として生まれる場所もまた間主観的出会いの場である。

　これが示唆するのは，精神分析的営みとは，患者の心の中の真実を暴いたり，分析して解釈したりすることではなく，患者と出会いそこに世界を生み出す作業だということである。いわばそれは，二者関係世界の創造の瞬間である。それは臨床的営みにおける「ゼロのポイント」である（Togashi, 2017b, 2017d, 2017e）。それはすべてのものが無に帰するポイントであるとともに，そこからすべてのものが生み出されるポイントである。病理も，患者も，治療者としての存在も，抵抗も転移も，時間も，痛みや喜びもすべて，両者が出会った瞬間にそこに生まれる。先ほどの例でいえば，治療者と患者が出会ったところに，その患者の「もじもじとして下をむく」という態度が生み出されたのであって，そのような患者はその出会いの前までは存在していなかったのである。

　ゼロのポイントが失われるのは，トラウマ化された状況である。第9章に詳述するように，トラウマは「被害者と加害者」「ある人種と別の人種」「経験した人としない人」など，人間を分断する。その分断は永遠に交わらず，氷漬けにされる。しかし本来，トラウマ化された状況は誰でも体験し得るもので，一歩間違えれば加害者は被害者になっていたかもしれず，被害者は加害者になっていたかもしれない。トラウマの原点は，本来はそうした区別のない一瞬である。そしてその一瞬は，誰もが同じ逃げられない世界にいるという最も人間的な瞬間である。それはすべてのものを生み出すポイントであり，すべてのものが無に帰するポイントである。すべての臨床的出会いは，その意味でゼロのポイントであり，それは最初の出会いだけでなく，すべてのセッションのすべての瞬間にそれがある。臨床的な現象に向き合う私たちは，現象に出会うその瞬間は常にゼロのポイントであり，そこに向かってすべてのものが無に帰するのであると同時に，そこからすべてのものが生み出されること

を意識して作業をする必要がある。そして，私たちの臨床的な営みの中で，具体的にゼロのポイントを意識する方法は，治療者が臨床プロセスを記述する方法に現れる。

　ゼロのポイントは，先験的なものを否定する。つまり，治療者が臨床を語る際にはそこに何かがあるという態度を中止してみなければならない。ところがこれは，なかなか難しい。「患者がもじもじとしていた」ということ一つをとっても，「これについて意見を聞かせてください」というと，多くの人は「もじもじとしていたのは，患者のパーソナリティから来ている」と述べ始める。つまり「もじもじとしていた」がすでにそこに存在するという前提で話が始まる。二者心理学や間主観性理論を好む人は，このように言うかもしれない。「もじもじしていたのは，治療者がきっぱりとした態度の女性を嫌う傾向があったことが影響している」と。しかしこれも同じである。「もじもじとしてた」がすでにそこに存在すると認め，そして，その理由として治療者のパーソナリティがあったという「真実」を探求しようとする姿勢から一歩も出ていないからである。一見したところ二者心理学に見えるが，治療者の問

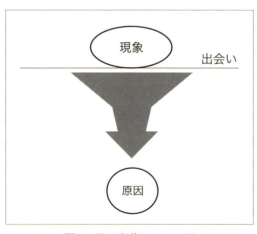

図1　還元主義のモデル図

題をそこに置いただけで，その見方自体は一者心理学と何ら変わりがないのである。これは，私たちが普段何気なく行っている時間的な文脈をいかに抜け出すのかにかかわっている。ゼロのポイントはゼロであって，その現象以前の何かにその原因を還元することはできない。しかし私たちは，一般的に臨床的な現象を観察した際には，そこからさかのぼって過去の限られた要素に還元するように，文化的・専門的に教育されている（図1）。

　プロセスを記述するときはこれとは逆の作業を求められる。つまりそれは，出会いの原点から現在の現象へと向かってどのようにそれが生まれ出るように流れていったのかを記述しようとする作業である（図2）。今そこに観察された現象の実態を仮定しようとする姿勢を中止し，過去のあらゆる可能性がどのようにその現象を生み出すように流れていったと考えられるのかを，現在へ向かって記述するわけである。これは出会いの原点から現象に向かおうとする流れにあらゆる可能性を与える行為でもある。プロセスを記述するこの間主観的視座は，その現象を生み出すに至るあらゆる可能性と文脈をできる限りそのまま生かそうとする作

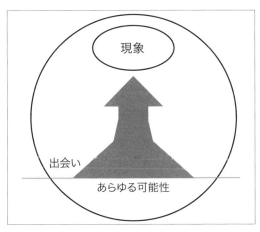

図2　プロセス主義のモデル図

業なのである。

III. 関係プロセスを記述するには

　ここまでの議論をまとめてみよう。間主観性理論の感性は以下のようなものとして表現することが可能である。

1. 弁証法的止揚によって二項対立を乗り越えようとする姿勢
2. 真実を探求するというよりも，世界の見え方を探求しようとする姿勢
3. 異文化との出会いにおいて解釈が生まれる際，先入見と伝統を意識しつつ縛られないでいる姿勢
4. 治療的出会いのあとにすべての治療的状況が生じるとみる姿勢
5. 現象の実態を仮定せず，できる限り多くの可能性からその現象が生み出されるプロセスを描こうとする姿勢

　こうした感性は，倫理的態度でもある。これは世界との出会い方だからである。このような姿勢において私たちは，永遠に了解できない目の前の他者との出会いの瞬間に身を投げだし，ジェンダーや人種，社会的立場，経済力，文化など，社会的カテゴリーのあらゆるものを取り払い，一人の人として一人の人に向き合う。それは，目の前にいる人がただわからない他者だからというだけで，その人に興味と関心を向け，純粋に相手を尊重する姿勢である。臨床状況を間主観的に記述するということは，その倫理の臨床実践ともいえる。プロセスを記述するというのは，そこに認知されたものがそこに実体として存在するという見方を捨て，二者の出会いによってどのようにしてその現象がそこに生まれるに至ったのかを記述することだからである。
　最初の例を使ってこれを見てみよう。もう一度それを記述してみる。

患者は30代の専門職の女性である。彼女は慢性的な抑うつ感と空虚感を訴えて治療にやってきた。彼女の抑うつ感は，ひどくなると希死念慮を伴うようになるもので，セッションでも死にたいと訴えることが度々あった。治療者は著書がいくつかある理論家で，切れ味良く理論的にしゃべる人だった。週一回のセッションをしばらく続けていると，彼女は治療者の前であまり話をしなくなる。そして毎回もじもじとして，明瞭な言葉遣いをしなくなる。何を感じているのかと尋ねると，彼女は「だって，先生，私のこと嫌いだもん」と下を向いてしまう。もともとその日は何となく一緒にいるのが落ち着かなかった治療者は，それを聞いてさらに嫌な気分になる。彼女は知的な患者ではあったが，それまでの経歴を聞くと，男性との関係は安定せず，短い関係で終わるか，あるいは，自分の意見を強く押し出す男性に振り回されて彼女が疲れてしまうかのどちらかだった。

「だって，先生私のこと嫌いだもん」という彼女の発言は，どのようなプロセスの中で浮かび上がったのだろうか。そのプロセスを記述してみよう。つまり，出会いの原点からあらゆる可能性が現象へと向かっていく流れを記述してみよう。そこには，こうであるはずという正解はない。こうであると正解を仮定した途端，それは非倫理的なものになる。重要なのは，その記述が現象へと向かうプロセスを語るものになっているかどうかである。たとえばこう記述できるだろう。

　　もともと論理的に突き詰めて話をするところがある治療者を前にした患者は，次第に自分は先生に認めてもらうほど十分に知的ではないかもしれないと思うようになっていたかもしれない。彼女は，そのような自分が治療者に認められる方法は自分の女性性を通すことだと思うようになったものの，それはそれで自信のない彼女は，治療者への関心と愛情が高まっていく自分に困惑していたかもしれな

い。自分は治療者に好かれるとは思っていないものの，でも離れがたいと感じたまま彼女はセッションに来ていたかもしれない。そんな自分はあまり好きではないと感じていた彼女は，少し勇気を出して治療者と対等にものを言おうとしたが，治療者がいつもより気難しいように見えて躊躇したところ，彼女はもじもじとなってしまったかもしれない。彼女はそういう自分が嫌われるという思いを強くしたために，さらにもじもじとしてしまい，思わず放った言葉が「嫌いだもん」だったかもしれない。治療者は入室した時点からなんだか挙動がおかしいように見える患者を見て，以前患者が治療者を信用できないと言って「死ぬから」と何度か迫ったことがあることを思い出していたのかもしれない。またあれが始まるのかと警戒した治療者は，緊張しながら患者に向き合うようになったので，患者からすると気難しい表情になっていたのかもしれない。治療者は，患者が一度ちらっと自分を見てまた下を向いたのを見て，自分は患者にまた嫌われたに違いないと瞬間的に感じていたかもしれず，その時に患者が「嫌いだもん」という子どものようにも聞こえる言葉を発したので，以前から何となくそれに近い診断名を頭に描いていた治療者は，やはり患者は未熟なパーソナリティで，多少受動的攻撃性を内包していると理解するようになったかもしれない。

IV. おわりに

　倫理的転回は，間主観性理論から発展してさまざまな現代思想の影響を受けつつ米国で急速に広まっているムーヴメントである。それは精神分析的作業を患者の状態や語りを分析する作業だけに限定することなく，治療者と患者がどのようにして出会うのかについて考えようとする学際的議論である。それは，精神分析的営みを倫理としてとらえるものだが，

プロセスを記述するという作業を繰り返し行ってみると，なぜ間主観性理論が倫理的転回へとつながっていったのかを体感することが容易になる。プロセスを描くという作業はそれ自体，ある人とある人がどのように出会い，今の現象がどのように生み出されるようになっていったのかを描くことだからである。私たちは決して人をカテゴリー化することから逃れられない。対人援助にかかわる私たちは，自分がいかに先入見の中でものを見ているのかに可能な限り敏感であろうとする努力をしなければならない。それを忘れたとき，人との出会いは，そして臨床的営みは暴力に変わる。それは，精神分析理論を用いた暴力である。

第2章　臨床的営みの加害性

　臨床精神分析家は，日々患者に会い，対話し，彼らの話を聞きながらともに考え，彼らの人生の意味を探索する。その中で分析家は，さまざまな理論を提唱し，考えを伝えてきた。そうした理論の多くは，臨床上観察された現象のメカニズムをとらえ，それを理論化したものである。具体的にはそれは，心がどのようになっているか，人間関係はどのようになっているのかを説明しようとするモデルである。たとえば，暴力の問題をテーマとするならば，そこで理論化されるのは，その被害者はどのように傷つき，その傷つきは被害者やその周辺の人たちの心にどのような影響を与えるのか，被害者の心はその傷つきの周辺にどのように組織されるのか，そして壊された被害者の心はどのように修復されるのか，あるいは，加害者の心はどのようになっているのか，加害者はどのような経緯を経て加害者になるのか，などである。私自身もずっとそのようなことを考えて臨床をし，論文を書き，そして本を出版してきた。精神分析はおよそ100年間，そのような活動を続けてきた。しかし最近，その流れに一つの変化が生じている。それが「精神分析の倫理的転回」(Ethical Turn in Psychoanalysis) である (Baraitser, 2008; Corpt, 2013; Brothers, 2014b; Orange, 2014a, 2014b; Weisel-Barth, 2015; Togashi, 2017a, 2017b, 2017c, 2017d, 2017e; Togashi & Kottler, 2015; 富樫, 2016b, Brothers & Togashi, in press)。

　倫理的転回とは，これまで積み上げられてきたさまざまな知見や理論を道徳哲学から再評価し，その学問や考え方自体に暗黙に含まれる価値

体系に思い込みや偏りがないかを問い直す作業である。そして，他者との出会いの周辺に生じる「私」の責任を考え，個人的・経済的・社会的暴力や，社会的不公正の問題に向き合おうとする。それは結果的に，それ以前の教条的で覇権的なパラダイムに異を唱え，自分と他者とのかかわりが人間的かどうかを問うものになる。倫理的転回に敏感になるということは，物事の構造や真理の解明よりも，人がどのように他者とかかわり，そこにどのように世界ができ，何を人間的とするのかにより強い関心を向けることを意味する。

　倫理的転回は，これまでの考えと何が違うのだろうか。これまでの精神分析は，どのように心が出来上がっているのかをテーマとしてきた。倫理的転回の精神分析は，どのようにして私たちが人や心に出会うのかをテーマとする。そこで行われるのは，「心はこうなっている」といった観察ではなく，「自分はどのように心に出会っているのか」といった，自分の姿勢を振りかえる作業である。わかりやすく言えば，心を語る人間が傍観者や観察者でなく，当事者になるということである。私たちは人の心を語ったり，論じたりすることが好きである。ウェブサイトの掲示板や週刊誌の記事には，いたるところに「芸能人」や「政治家」など，有名人の「心」を論じ，分析し，批判したりほめたたえたりする内容が見られる。しかし心を語る者は，自分が語っていること自体がどのような道徳的問題を含むのか，そこに加害性はないのか，ものの見方に偏りがないのかをどれだけ振り返っているだろうか。心を語り始めた瞬間に，その問題の当事者なのだということをどれだけの人が考えているだろうか。

　読者は今，そこにその設備があればウェブサイトを立ち上げ，匿名で語られる掲示板にアクセスして，思いついた芸能人の名前を入れてみてもらいたい。すぐに誰かがその人の心や行動について好きなように語っている書き込みをたくさん見つけることができるだろう。その中から，最近スキャンダルで有名になった芸能人の行為や振る舞いを糾弾する書

き込みを見つけるのに数十秒もかからないだろう。そこで読者が発見する書き込みの内容は，総じていえば，その芸能人がしたことは人の心を踏みにじる行為であり，それを平気で行ったその芸能人の心は歪んでいるという主張になっているだろう。これは，倫理的転回前の心理学，または精神分析である。書き込み手は客観的な観察者で，自らの評価基準に照らしてその芸能人を断罪している。そのとき彼らは，おそらく自分たちは倫理的な人間だと思っていることだろう。

　しかし，倫理的転回からこのような書き込みを見るとどうなるだろうか。倫理的転回は「私はどのようにその心に出会っているのか」を考えることである。書き込み手は，どのようにしてこの芸能人の心に出会っているのかを問われる。するとどうだろうか。彼らは，その芸能人の加害性を断罪することで，すでにその問題の中で自分が加害者の立場になっていることを知ることになる。一つ一つ記述を読めば，いかに彼ら自身が暴力的であり，非倫理的であり，加害的なのかはすぐにわかるだろう。それは，学校で問題視されているいじめの加害性とどこか違うのだろうか。スキャンダルのためにワイドショーであしざまに罵られる芸能人へのインターネット上の書き込みには，いくらでも性や人種，年齢，宗教，出身地，個人的信条，価値観，容貌をあげつらう差別的で侮蔑的な言葉を見つけることができる。彼らは人を分析し，こちら側は善で正常で，あちら側は悪で異常だと評する。

　しかし，その芸能人が加害者だから，自分が加害者になってよいという理屈は成り立たない。相手が不道徳なことをしたから自分も不道徳に罵ってよいというのであれば，相手にも同じ理屈が成り立つし，また，それでは世界中の人間が不道徳であってよいことになる。それでは，不道徳を糾弾する当の本人が，自分が理想とする道徳的な世界を壊すようなものである。彼らの言動は当の芸能人以上に非倫理的で暴力的かもしれない可能性はないのだろうか。

　本章では，暴力性について，このような視座から考えてみたい。暴力

性といっても，身体的な暴力だけではない。またそれは，直接的な第一の当事者としての被害者・加害者だけではなく，傍観者も含んだものである。私自身も含めて，人はこうした態度から逃れることができない。だからこそ，読者もここに語られる問題の当事者であることを意識して読んでもらいたい。私もまた，傍観者や観察者としてではなく，当事者として記述する姿勢を守りたい。

I. 自己愛とは何か

　暴力の問題は自己愛の問題と密接に関係する。暴力の問題はどのような意味で「自己愛（ナルシシズム）」と関係するのだろうか。
　自己愛は，さまざまな意味で用いられる。もともとは，それは，エコーの求愛を無視したために呪いをかけられ，湖面に映った自分の姿しか愛することができなくなってしまったギリシア神話の「ナルキッソス」に由来する。最も一般的で俗な定義では「自分だけを愛している人」という意味になるだろう。それを単純に解釈すると，自分にのみ愛情を向け，他者への愛情を持てない人を意味する。
　しかし，臨床家は，自己愛的だといわれる患者について「この人は自分のことだけ考えている」ととらえているわけではない。仮に患者が純粋に自分のことだけに心を奪われ，他の人に全く関心を持っていなかったとしたら，臨床的には何も問題がないと同じだからである。そのような人が周りにいたとしても，誰も困らない。
　自己愛が問題だとされるのは，その人に巻き込まれて困ったと感じる人がいるからである。ナルキッソスも，池に映った自分ばかりを眺めているときは，誰も彼を問題だとは感じなかった。彼が問題のある人だと思われるようになったのは，彼に声をかける美しい女性たちが，彼に馬鹿にされ，傷つけられたと感じたからである。
　自己愛性パーソナリティ障害の患者は，物質的には満たされた環境に

あっても，自分は空虚で，ばらばらで，価値がないと感じるとされる。あるいは，実際の業績がほとんどなくても，自分は著しく価値があり特別な存在だと思い，それを社会が承認してくれないと怒りを示したりする人たちだとされる。どちらかが強い人もいれば，両者を行ったり来たりする人もいる。そこで描かれる患者像はこうである。彼らは治療者との情緒的交流を避け，治療者のコメントや解釈を無視し，反応をしない。彼らは自分の優越さを誇ったり，治療者を過剰に理想化して褒め称えたりするが，それが受け入れられないと感じると，治療者に裏切られたと思い，執念深い怒りを示したり，倒錯や嗜癖，心気症的不安を発展させたりする。彼らは，自分が失敗すると羞恥心に圧倒される一方で，他者の失敗には不寛容で，治療者が少し話を忘れたり，集中力が欠けたりする程度でも，激しく糾弾する（富樫，2016a）。

　Kohut は，そのような関係のあり方こそが自己愛の問題なのだと考えた。つまり彼らがいかに自分のことだけを考えているのかではなく，彼らがいかに人とかかわるかに注目することが重要だと考えた。そして彼は，彼らの関係のあり方を「自己愛転移」と呼び，当初はそれを二種類に，最終的にはそれを三種類に分類した。三種類とは「鏡映転移」と「理想化転移」（Kohut, 1971）と「双子転移」（Kohut, 1984）である。鏡映転移は，治療関係の中で患者が治療者に自分を価値のある人間として見てもらいたいという思いが強くなったもので，治療者が自分を受け入れ承認してくれることで初めて，自分を確固とした存在だと感じるといったものである。理想化転移は，治療関係の中で，治療者には理想化できる力強い人であってほしいという願いが強くなったもので，理想化され得る強さ持った治療者と共にあることで，自分の強さや安全感を体験するものである。双子転移は，治療関係の中で，治療者が自分と似ていると体験することで，誰かと繋がっている感覚を体験するものである。

　Kohut は，このような転移の背景に共通して流れるものとして，「自分の体や心を自分でコントロールできると大人が体験するときと同じよ

うな自明的確かさ」(Kohut, 1971)で治療者を所有する空想があると述べる。つまり患者は，物理的に自分とは異なった存在であるはずの治療者を，まるで自分の一部であるかのように体験しているというわけである。患者は，治療者が，自分が描いたように振舞う限り安心するが，そうでなければ自分がばらばらになるほどの失望感を体験するか，あるいは，それを隠すように強い怒りを示すとされる。彼らは，他人をまるで自分の手足のように体験するため，他人が自分が思い描いたように動かないと「そんなはずはない」と苛立ち始める。「自分の想定では世の中はこうなっているはずなのに，どうして思い通りにならないのだ」と憤慨するというわけである。

　では，こうした関係のあり方は一部の限られた人だけに見られるものなのだろうか。Kohut以前の精神分析は，それを一部の病的な人間に見られるものだと考えてきた。そして彼らは，このような現象を，非常に未熟で，病的なものだととらえた。自分の期待通りの機能を他者が提供しなければ自分が安定しないというのは，人が生きていくうえでの基本的な欠陥だというわけである。他者が自分の価値を永遠に承認してくれるはずはないし，重要な他者が強くても自分が強いわけではないし，どんなに似ている他者でも，完全に同じであるはずもなければ，ずっと傍にいてくれるわけでもないからである。このモデルに従うならば，成熟した人間は自分を安定させるために他者を必要とすることはない。従来の精神分析は，患者の自己愛的で未熟な関係を解消させ，患者が他者から切り離されていても安定できるようになることを治療の目標とした。

　しかし，Kohutの現象学的内省は，それを全く異なるものとして描き出した。彼はこう考える。確かに，永遠に誰かに存在を承認してもらわなければならないのならば病的だろう。しかし，テストで100点を取った子どもが，母親に喜んでもらいたいとか，夫が妻には自分の帰宅を心待ちにしてもらいたいと思うのも病的だろうか。それが欠けたときに，自分を空虚に感じるのは当たり前ではないだろうか。確かに，他者を全

能の存在だと信じるのは病的だろう。しかし，授業参観日に子どもが後ろを振り返ったら，自分の母親が誰よりもきれいで嬉しいとか，妻が夫の昇進を誇らしいと思うのも病的だろうか。母親も夫も自分とは物理的に異なる人間だが，自分の大切な存在が輝いていれば，自分も誇らしいと感じるのは当たり前ではないだろうか。確かに，他者が自分と全く同じ存在であるべきだと思うのは病的だろう。しかし，知らない国で日本人に出会って安心したり，同じ映画を見た恋人と同じ感動を共有したいと思うのも病的だろうか。自分とかかわる人には，基本的な部分で同じ価値観や考え方を持って欲しいと願うのは当たり前ではないだろうか（富樫, 2016a）。

　Kohutは，他人を自分の一部のように感じることは，確かに病的な場合もあるものの，それを求めることそのものが病的だとは限らないと考えた。求め方や求める質が病的なだけで，それ自体が病的なのではないというわけである。彼は自己愛性パーソナリティ障害の患者に見られる関係のあり方は，本来ならば得られるはずの親からの承認（鏡映体験）や親の強さへの憧れ（理想化），親との本質的類似性の体験（双子体験）が得られず，極端な形でそれを求めるようになっただけだと理解した。

　人はどんな時にでも他人を必要とするのである。誰かが自分を輝いた目で見ていてくれるから自分に価値があると感じられる。自分の大切な人が立派だと感じられるから，自分も捨てたものじゃないと思える。人は一人では健康に生きられない。誰も必要としないで生きられるという人がいたら，それこそ病的である。

　しかし，人が人を必要とするとき，その利用の仕方が問題である。それによって，彼らが病的とみなされるのか，健康とみなされるのかを決定する。具体的にはそれは，自分が健康でいるためには誰かを必要とするものの，その相手にも主体性があり，その主体性は自分にはコントロールできないものであると知っているかどうかである。あなたが自分の気持ちを支えるために恋人を必要とし，あなたがその恋人にずっとそば

にいてもらいたいと思っても，恋人がそれよりも大切なことがあると言ってそれを拒んだら，それはどうしようもないのである。自分の意見を伝えて交渉することはできる。「このように思っているが協力してくれないか」と。しかし，それに対して相手が「あなたを大切に思うが，今は，それはできない」と，さらに拒んだらどうしようもない。唯一できることは，その人とそれでも付き合い続けようとするか，あるいは，そのような人には自分は合わないとあきらめることだけである。健康な形で人を利用できる人は，それを納得することができる。しかし，これがより問題を含んだものになると，他人と自分との違いを納得することができず，他人が思い通りにならないと相手の主体性をねじ伏せようとしてしまう（富樫, 2016a）。

　Kohut はこれを人の悲劇性と呼んだ。悲劇性は，人は生きていくために他者を必要とするが，その他者は自分には決してコントロールできないというところにある。どんなに自分が相手を好きでも，相手が自分を好きではなかったら関係は成立しない。好きでないという相手の思いを操作する方法はない。あるとしたら，それは暴力である。「心理学は人の心をコントロールできるのですね」と聞かれることがよくあるが，その発想自体が暴力である。相手が嫌がっていても，それを何らかの方法でねじ伏せ，自分が望んでいるように行動させようとする意図を含んでいるからである。しかしそのような方法をとる人は，それが可能になった瞬間，暴力による関係は失敗したことを知る。「好きだ」と言ってくれない相手に力で「好きです」と言わせてみても，それはすでに自分の求めたものではないからである。

　恋人に振られた男性が，仲が良かった時期に撮影した恋人の裸の写真をインターネットにばらまくと伝えて復縁を迫るのはそのよい例だろう。DV の患者は，自分が帰宅したとき妻がトイレに入っていて，「おかえり」と言わなかったという理由で殴る蹴るの暴行を加えたが，その時に彼が主張していたのは，自分はそうしてもらえないと大切にされている

感じがしないのに、妻はどうしてそのようにしてくれないのだ、ということだった（富樫, 2017）。私たちは、彼の主張がどのような理屈で成り立っているのかを理解することはできる。人は誰もが、そのように人を必要とするからである。しかし、その相手は彼が思うように動くとは限らない。妻の気持ちを操作することができないということを彼は理解できなかった。100点を取って嬉しい気持ちで家に帰ったとき、少年は、母親に目を輝かせて聞いてもらうことで自分の価値と意味を確認することができるが、しかしその親が、ちょうど仕事中で「はいはい、がんばったね」と生半可に答えられたとしても、それはどうしようもないのである。抗議をすることはできるが、それをねじ伏せて望み通りの言葉をひきだすことはできない。暴力とはつまり、他者の主体性を自分の意思のもとに従属させようとすることである。暴力を向けられる人は、暴力をふるう人の体験においては、その一部にされているのである。

　ウェブサイトに匿名の書き込みをして芸能人をあげつらう人たちはどうだろうか。彼らは、彼らが口汚くののしっている相手の芸能人と何の関係もない。その芸能人がどのような価値観を持っていようと、どんな行動をとろうと、どのような人生観を持とうとも、書き込んでいる人たちの人生には影響がない。しかし、彼らは「そんな価値観を持つ奴は認めない」と、当人の事情を顧みずに、当事者の周辺の人たち以上に相手を糾弾する。その人がまるで自分の人生に大きな影響を持つ人であるかのようである。そしてその通りにならないとみると、相手の存在を消そうとする。

II. 被害者と加害者

　Kohutの考えには、もう一つ重大な内容が含まれている。それは、心の問題は個人の問題ではないということである。私たちは、心の問題というと、その人がその問題を持っていると考えがちである。まるで癌の

ように，その人の中に病巣があると考えるわけである。しかし Kohut は，人の心の状態は，その人にとって重要な誰かがその人をどのように体験しているのかによって変わると述べた。患者が具合を悪くするのは，患者の中の病巣が広がったからではなく，治療者がその患者をどのように体験しているのかに影響を受けるからだというわけである。

　ある女性患者は秋になると具合を悪くした。秋は学会シーズンで，私が休みをとることが多いことが影響していた。彼女は，私が休みを取ると，私に大切にされていないと感じ，そのために自分の価値を感じられなくなったのである。同じようなことは秋でなくても起こった。私が休みを取らなかったとしても，たとえば他の仕事で非常に疲れているような場合である。私は彼女のことを考えているつもりだったが，敏感な彼女は治療者が普段ほど自分を大切にしてくれていないことを鋭敏に察知していたのである。身近なことを例に挙げれば，夫婦関係でもそうだろう。夫が元気をなくしていれば，妻もやはりどこか元気がなくなってしまう。そう考えると，ある人の心の不安定さは，その人だけの問題とは言えなくなる。

　言われてみれば当たり前のこの考え方だが，これを心に抱きながら患者に会うというのは実は非常に難しい作業である。私たちは油断をするとすぐにこの考えを忘れ，患者がいかに病気なのかということを語り始める。自分の悲しさを怒りで表現する患者の場合は特にそうである。

　ある女性患者は，ずっと私に怒っていた。彼女が私にメールで連絡を取ってきたにもかかわらず，私がすぐに返信を返さなかった場合や，私が半年前の話を詳しく覚えていなかったりした場合は特にそうだった。私からするとそれだけでひどく怒られるうえに，怒り出した最初は詳しいことを語らないままに「はあ。先生には本当に期待できませんね」とあきれたようなものの言い方をするので，その人と会うのがどんどん嫌になっていった。そんなことが半年も続くと，私は自分が彼女から嫌われているという確信を深めていった。そして，そんなに嫌いならばもう

やめればいいのに，といった思いと，この人は私に執着して私を思い通りにしようとする「重い病理」を持った人だという考えを深めるようになった。

　彼女は普段の生活の中でも私の愚痴や文句を言い，私を信頼できないと怒っていた。そんなあるとき，彼女は，以前から私に関する愚痴を聞かせていた友人から，「そんなひどいカウンセラーなら，やめちゃえばいいのに」と言われたという。彼女はそれに対して，「友達はそんなひどいこと言うんですよ。私にとって特別な場所なのに」と憤慨した。私はそれを聞いてひどく驚いた。彼女が私と会うことを特別に大切だと感じているなど，まったく思っていなかったからである。私はそこでようやく，彼女が私に大切にされることを望んでいたからこそ，私が彼女のことを大切にしていないとほんの少しでも思うと，怒りを止められなかったことを知った。もしかしたら，それは怒りではなく，悲しみだったかもしれないとも思った。しかし怒りを厄介に感じていた私は，自分が与えている影響を忘れ，厄介さは彼女の病理だと考えていたのである。そのような理解を彼女に伝えると，彼女は「だって，私は弱い立場なんですよ。先生が一度『もう来ないでください』と言ったら終わりなんですよ。私には先生しかいないんです」と泣いた。私は彼女の恐れを全くとらえていなかったのである。

　こうした話をするとすぐに，私が治療者は失敗するべきではないとか，患者の言うことは何でも受け入れるべきだと述べているのだと誤解されるが，私がここで主張しているのはそのようなことではない。失敗すべきではないとか，何でも受け入れるべきだという発想こそ，傲慢で権威的なものであり，加害性を含んだものである。ただ私がここで伝えたいのは，私たちは自分が関与していること自体が持っている相手への影響を忘れがちだということである。

　教師が暴力的な生徒について職員室で語り合う。「ダメな奴だなあ」「あいつは結局変わらないんですよ」「そもそも親が問題ですからね」と

いう言葉が飛び交う。病院の医局でもよくある。クレイマーと呼ばれる患者について医局員たちが語る。「重いなあ」「コンプライアンスが悪いからな」「さっさと入院させてしまえばいいんだよ」と口々に言う。逆もそうである。最近は店員に文句を言い，ひどい暴言とともに店員を脅す客がいると聞く。「お前をクビにしてやろうか」「客のこと考えているのか」「間違いによる不利益をお前が弁償しろ」などと，彼らは迫る。こうした訴えをする人は，自分たちの加害性をほとんど認識していない。こうした場合，本人たちの体験では自分たちはむしろ被害者である。生徒が「ダメな奴」なのは，普段から教師たちがそのような見方をしていることが影響しているとはなかなか考えないのである。彼らは，自分が苦しい思いをさせられているのは，相手のせいだと体験し，その苦しさを否定するために，自分は客観的に相手を評価していると錯覚する。

　臨床現場でさまざまな話を聞いていると，何らかの形で加害-被害の問題が出てくるが，ほとんどの場合，話し手は被害者として自らを語る。一見加害者として語っているように見える人でも，よくよく聞くと，自分がいかにひどい目にあい，加害者にならざるを得なかった被害者なのかということを語る。このような語りを丁寧に見ていくと，どちらが被害者なのかわからない。しかし，はっきりしているのは加害者として語ることは，被害者として語るよりもずっと困難だということである。

　10年連れ添った夫が浮気をしたことで，ひどく裏切られたと体験して大きな傷つきを負った妻が，夫を冬のアスファルトの上に5時間正座させて放置し，唾を吐きかけたケースがあった。彼女は私の前で自分の受けた傷を涙ながらに語った。その語りと傷つきには偽りはない。その傷はひどく深いもので，彼女が人間不信に陥ったことも偽りではない。ただ，同時に彼女は加害者でもあった。それは，夫の浮気を発見した後の彼女の行動だけでなく，それ以前から見られた傾向でもあった。

　私はここで，浮気を肯定したり，被害者の傷を軽く見ようとしたりしているわけではない。犯罪や暴力，人種差別，戦争といったさまざまな

暴力も同様である。それに曝された被害者の被害性は明らかである。しかし，インターネットでつるし上げられている芸能人に対する言葉の中には，明らかな人種差別や性差別がいくらでもあるが，あしざまに罵られている芸能人たちはそこで加害者として扱われている。その芸能人がそのような行動をするに至ったのは，彼らの人生にさまざまな苦悩や悲しみ，どうしようもない状況があり，その中で彼らがもがきながら生きるために行動していたからかもしれないという可能性を考慮する姿はそこにはない。そして，一歩間違えれば，口汚なく罵る本人が同じような行動をしていた可能性は全く自覚されない。彼らにとって，その芸能人は「ただの悪い何か」であって「人」ではない。

　加害・被害関係には何らかの形で傷つきやトラウマがある。傷つきやトラウマは，人間を分断する。人間どうしを被害者か加害者に分断するのである。個人の中でもまた，自分を被害者か加害者どちらかに分断する。この分断を分断のままにしておくのがトラウマである。そのように考えると，それを私たちが扱おうとするとき，その分断がどのように生じるのか，分断はどのようなメカニズムになっているのかを理解しようとする理論は，明快なようで実は無力である。場合によっては，そのような理論自体が，分断をさらに作り出す。理論自体に加害性がある。臨床において重要なのは，どのようにしてその分断を乗り越えていくのかである。そこで精神分析は，倫理的転回を必要とする。それは，そうした加害・被害に携わる私たち臨床家が，自分がいかにその当事者であるのかを理解しなければならないという視座である。

III. 癒しについて

　加害・被害の分断を乗り越える可能性はどこに生まれるのだろうか。それは決して簡単なことではない。それは誰もが共有していることだろう。それが簡単であったら，世界の紛争はいつでもすぐに解決できる。

それでもなお，私たちはどのようにしたらそれを乗り越えられるのかを考えなければならない。

　Jessica Benjamin は，ニューヨークで開業する精神分析家である。彼女はフェミニズムの立場から精神分析を考え，そして「相互承認」（Benjamin, 1990, 2004, 2010, 2018）という考え方から被害‐加害関係に迫った。相互承認とは，自分が愛情をもって結びついている相手には，自分が期待しているものとは異なる文脈でものを感じ，考える主体性があることを双方が認め合うことである。彼女は，それを認め合うには，相手の主体性は自分の主体性と同じようなものなのだということを互いが知ることだと述べる。お母さんは自分のお母さんだから，自分を慈しみ，優しくしてくれるはずという感じ方は，相手を「人」として見たものではない。子どもは「母親」という役割でしか，母親を見ていないからである。そのようにして子どもの中に所有された「お母さん」には主体性がない。お母さんは自分のお母さんであるけれども，お母さんには自分が望むこととは全く異なる文脈でものを考え，感じるところがあるのだということを知ることがお母さんの「主体性」の承認である。これを Benjamin は「他者性」と呼ぶ。

　子どもがそれを認めることがどれだけ難しいことなのかは，少し想像すればわかるだろう。人は「夫なんだから」「妻なんだから」「先生なんだから」「警察官のくせに」と，人を役割で見る。Benjamin にとって，このように相手を役割でしか見ないことは暴力である。相手の主体性を否定するからである。だからこそ彼女は，それが人の発達にとても重要だと考えた。そしてそれを獲得するためには，子どもは「そうか，お母さんなのに自分が期待した通りに動かないのは，お母さんには自分と同じような主体性があるからなのだ」と知らなければならないというわけである。

　Benjamin（2018）はそれを，倫理的問題としてとらえた。彼女は，被害者は加害者の中に自分と同じ被害者性があり，加害者は被害者の中に

自分と同じ加害者性があることを認めることが重要であると考えた。被害者が自分は被害者で，相手は加害者だと認識しているままでは，結局のところ被害者自身が癒されないというわけである。私の言葉で言えばそれは，被害者が苦しみを乗り越えるために，加害者の中にも自分と同じ被害者性があり，一歩間違えれば自分も加害者になっていたかもしれないことを認める必要があることを意味している。そこでは加害者もまた，被害者の中に加害者性があり，自分も一歩間違えれば被害者になっていたかもしれないことを認めなければならないだろう。そのようなプロセスの中で，被害者は加害者になり，加害者は被害者であることを知るのである。そこでようやく，両者はその関係を越えることができる。

　Donna Orange は，哲学者 Lévinas の考え方を応用して被害‐加害関係の問題に取り組んだ（Orange, 2011, 2016a, 2016b）。Lévinas は倫理の基本を視覚（optics）だと考えた。人が人として相手にかかわるということは，自分がどうであるかを考える前に，相手の顔を見た瞬間に相手の呼びかけに応じてしまうことに基本があると考えたのである。私たちは，自分がどうであれ，相手が被害者だろうが，加害者だろうが，相手を人として見る限り相手の顔を見た瞬間に相手に応じる。私たちは，道端で死にかけている人がいるという記事を読んでも，それに応じることはない。しかし，目の前に死にかけている人が倒れていれば，「どうしましたか」と声をかける。それを無視して通り過ぎることは，きわめて難しい。それを無視することは相手の存在の否定，つまり暴力である。

　Orange（2016b）は，被害者が癒しを見出すには，加害者を「悪い奴だ」というカテゴリーや分類で見るのではなく，加害者の顔を見た瞬間に自分を忘れて相手を人として扱い「何を求めているのですか」と相手に応じることが必要だと考えた。加害者が加害者であることを乗り越えるためには，目の前にいる被害者を「憎しみの相手」とカテゴリー化して非人間化するのではなく，何かを考える前に相手の呼びかけに応じることが必要だと考えたのである。彼女の言葉を借りて言えば，相手を

「抽象化」（Orange, 2016b）するのではなく，相手に人として応じるというわけである。

　ウェブサイトの匿名の書き込みを見れば，口汚く罵られている芸能人が「芸能人」という抽象化された存在として扱われていることがわかる。その芸能人にも，生活があり，人としての感情や苦悩があることは否認されている。目の前にその人がいることを本気で考えてみたらどうなるだろうか。そのときに私たちは人種差別的，性差別的，性暴力的な発言はできない。もしそれが言えるのであれば，それは相手を人間として扱っていないことになる。それはまさしく相手に対する暴力である。

　ここに述べたことはいずれも大変難しいことである。それは，容易に到達できるものではない。私の考えでは，それが可能になるのは，私たちが世界の偶然性に身を投げ出す姿勢である（Togashi, 2014a）。東日本大震災当時，原発で働いていた人は被害者だろうか，加害者だろうか。地域でその企業を支えてきた人は被害者だろうか，加害者だろうか。ナチスドイツの軍需工場で働き，爆撃で家を失ったドイツ人は被害者だろうか，加害者だろうか。満州に派兵されてそこで軍人として命じられたことをし，帰国して家族が全員空襲で死んだことを知った日本人は加害者だろうか，被害者だろうか。ちょうどその時期にその地域にいて，その地域で生きるために職を得ていたことは，一つの偶然である。一歩間違えば，被害者は加害者になり，加害者は被害者になっていたかもしれない。自分がどちらの立場になっていたのかということは，突き詰めて考えてみれば，誰にも分らないことである。

　先に述べた夫に浮気をされた女性患者は，長い精神分析的心理療法の末に，夫婦関係にはずっと以前からほころびがあったことを認識した。夫もそうだが，彼女自身もどこかでそれに気がついていた。しかし彼女は，それを認識しないようにしていた。最終的に彼女が認識したのは，自分たちの関係の中では夫が加害者になったが，一歩間違えれば自分が加害者になっていたかもしれないということだった。夫もまた，彼女の

その話を受けて，一歩間違えれば自分が被害者になっていたかもしれないことを認識したという。それによって夫は，自分の加害性がいかに深い悲しみを生み出し，ひどいものだったのかを知ることになった。

　ここで述べたことは，理想論のように思えるかもしれない。確かにそのようなところはある。しかし，被害 - 加害関係はどのような場合であっても最も乗り越えるのが難しい人間のテーマの一つである。人類は長きにわたってそれを乗り越えようと苦闘している。それをどのようにするのかに簡単な答えはない。社会にはそのような場面が至る所にあふれている。私たちはこれからもそれに出会い続ける。そのときに私たちは当事者ではないと誰がいえるのだろうか。

第3章 精神分析的システム理論と
　　　　人間であることの心理学

　Kohut の死後，関係性理論として大きな飛躍を遂げた自己心理学は（富樫，2011b, 2011c, 2013），近年になってますます外の世界との交流を活発にし，新たな展開を見せている。外の世界とは，乳児研究や愛着研究，神経精神分析，哲学などである。本章では，その時代背景の中で，筆者の見方から現代自己心理学を概観する。

　現代自己心理学の流れは大きく二つに分けられる。一つは「システム的視座」(Coburn, 2002; Seligman, 2005; Pickles, 2006; Carlton, 2009) で，もう一つは「人間であることの心理学」(Togashi, 2014c, 2016, 2017a; Togashi & Kottler, 2015; Togashi & Brothers, 2015) である。前者は，精神分析実践を，二者（またはそれ以上）の関係システムにおいてとらえるものである。その流れはさらに，関係システムを構成する要素の動きを説明的に記述する「非線形動的システム理論」と，そうした理論の概念的基盤を記述する「現象学的文脈主義」に分けられる。

　後者の「人間であることの心理学」は，人間として生きることの意味や，人間であるという体験の探求を，精神分析実践の中心とする視座である。その流れは，世界の予測不可能性や生きることの不確かさ，人間存在の有限性が人の心に与える意味を記述した「不確かさを生きることの精神分析」と，永遠に了解不可能な側面を持つ他者とかかわる意味を記述した「倫理的転回」とに分けられる。

I. システム的視座

　精神分析実践を二者関係システムとして見るということは，それまで患者の心的構造に還元していた問題を，二者関係プロセスの中でとらえるということである。そのプロセスは，患者と分析家の心と，その周辺を構成する大小さまざまな要素が，相互に影響を与えたり，与えなかったりする中で進むものと記述される。この視座は分析家の仕事を大きく変える。分析家は「病理」や「治癒」を患者や分析家の心の中に見つけだす専門家ではなく，予測不可能な創造的関係のプロセスの中にそれを描く専門家になる。それまでその仕事の中心は，患者の話を理解し，抵抗や転移を分析して解釈し，洞察を促したり，新たな対象として機能したりすることとされていたが，これによって，その仕事の中心は輻輳的で多層的な関係の文脈の中に，自分や患者の言動を含めた臨床現象の意味を問うこととされるようになった。

1. 非線形動的システム理論

　自己心理学における非線形動的システム理論は，一つの理論体系を指すものではない。それは，相互に影響しつつも独自の歴史を持つ以下のような理論の総称である。それぞれの理論の特徴は，私が同僚とともにまとめた『ポスト・コフートの精神分析システム理論』（2013）に詳しいので，そちらを参照いただきたい。

- 「特異性理論」（Bacal, 2006, 2010, 2011; Bacal & Carlton, 2010）
- 「動機づけシステム理論」（Lichtenberg, 1989, 2001; Lichtenberg, Lachmann, & Fosshage, 1992, 1996, 2010）
- 「乳児研究に基づく動的システム理論」（Beebe & Lachmann, 2002, 2003, 2013; Beebe et al., 2005）

- 「複雑系理論」(Coburn, 2002, 2007, 2013)

　これらの理論は，注目する要素によって区別される。特異性理論が注目するのは，患者と分析家双方の自己対象ニードや自己対象体験である。動機づけシステム理論が注目するのは，7種類の動機づけの目標や意図（生理的調整，愛着，所属，養育，探索，身体的・性的興奮，引きこもりや嫌悪）と5つの情報処理システム（知覚，認知，情動，記憶，再帰的気づき），そして，それらを結びつける2つのプロセス（情動，メタファー）である。乳児研究に基づく動的システム理論は，空想や語りなどの言語化されやすい象徴的水準の相互交流（エクスプリシット・プロセス）と，必ずしも言語化されない行為‐手続き的水準の相互交流（インプリシット・プロセス），そしてそこに含まれるサブシステムを要素に挙げる。複雑系理論は，そうした要素をすべて含み，さらに多くの二者関係内外のサブシステムの影響を考慮しながら，関係システムが予測不可能な形で進行するプロセスを記述する。各理論の詳細は，拙著（富樫，2013a）を見ていただきたいが，こうした理論はいずれも，対話する二人の間の情報処理が複数の次元で行われていることを認め，そこには，両者の態度や行為，凝視，発声，リズム，覚醒水準，接触，手続きなど，「ローカルレベル」（BCPSG, 2010）のプロセスが展開することを前提としている。

　システムとは，いくつかの要素から構成される仕組みのことで，それを構成する要素の相互的影響によって一つの動きや方向性が生み出されるものである。その意味では，Freud（1923）の自我やKohut（1977）の双極性自己も，一つのシステムである。しかしそれは，ここでいうシステムとは決定的に異なる。現代自己心理学のシステムモデルは，二者関係を，解放系で非線形の動的システムとみなすからである。

　二者関係システムが開放系だというのは，それが，それを構成する患者や分析家の主観性だけでなく，外部システムの影響も受けながら進む

と考えるからである。非線形だというのは，システムを構成する要素どうしの影響の与え合い方や程度がさまざまで，結果として生じる動きが予測不能だと考えるからである。動的システムだというのは，システムに生じる事象が，現在や過去の入力だけでなく，未来の予測の入力によっても決まると考えるからである。精神病理や転移，抵抗，反復などの精神分析的概念はいずれも，こうした関係システム自体の一つの動きだと理解される。

2. 現象学的文脈主義

現象学的文脈主義は，Stolorowらによって概念化されたものである（Stolorow, 2011, 2013; Atwood & Stolorow, 2014）。彼は自分が構築してきた間主観性理論を「間主観性システム理論」と呼び換え，それを現象学的文脈主義と定義した（Stolorow, 2013）。現象学的だというのは，それが情緒的体験を探索し明らかにしようとするからで，文脈主義だというのは，その情緒体験をその場その時の文脈において共創造されるものとみなすからである。精神分析実践は，患者と分析家が共同で，その情緒体験を間主観的文脈の中に了解可能な形で意味づけていく（Orange, 1995）ことだと理解される。重要なのは，情緒体験の意味は複数の側面を含み共創造されるもので，正解を持たず，文脈によって敏感に変化するとみなされることである。これは，以下のような考え方を導く。

- 情緒体験の意味は二者関係の文脈に組み込まれている
- 言葉にされた情緒体験は「真実」ではなく，共同的に了解された意味である
- 理解や解釈にはそこに含まれなかった意味があり，別の文脈ではそれが理解や解釈の中核になる可能性がある
- 理解や解釈は，個人史，コミュニティ，文化，社会，政治状況に組み込まれており，その文脈外では意味を構成できない

私の考えでは，現象学的文脈主義とは，先に述べたシステム理論の概念的基盤を記述したものである。たとえば，こんな場面を考えてみよう。

　　患者が話を長々としている。治療者は何度かコメントをしたが，患者はそれに応じることなく，治療者が話し終えるのを待ってすぐに話を継続する。治療者は自分がいる意味を感じられずに眠くなる。それでも治療者は耳を傾けるが，ますます話の内容が空虚に感じ，あくびを嚙み殺すようになる。患者はそれを見ても最初は何も言わなかったが，やがて「眠そうですね。つまらないんでしょう」と述べた。治療者は「これは自分のエナクトメントだ」と考え，恥と罪悪感を覚えた。

　非線形動的システム理論は，このよう場面を理解する際に，治療者の眠気を患者の病理のみに還元しない。たとえば，これを患者の怒りが投げ込まれたものとか，自己愛的な患者が治療者の主体性を脱価値化した結果だとは考えない。むしろこれは，両者が関係を維持しようとするシステムにおいて，何種類かの動機づけや情動，覚醒水準といった要素が調整されるプロセスだとみなされる。たとえばこうである。
　患者は愛着の動機づけから治療者とかかわるが，同時に彼は，自分が愛着を向ける対象からは嫌われるという予測から，治療者への注意を少し逸らしている（引きこもりの動機づけ）。そのため，患者は治療者のコメントに応じない。治療者は，愛着と養育の動機づけから患者に関心を向けているが，患者が愛着と引きこもりの双方に調整された動機づけにおいて話す内容は曖昧であり，患者の話の趣旨をとらえきれない。そこで治療者は，患者の意図を理解しようと，探索の動機づけを前景にしてコメントをするが，患者はそれに注目を向けない。養育的であろうとする治療者は，わからなさを覆い隠すために覚醒水準を下げる。それが

結果的に眠気を誘う。

　これは，治療者がエナクトメントだと理解した眠気を，システムの動きとして記述したものである。つまり従来のように，眠気を特定の象徴的意味を持つものとして解釈するのではなく，刻々と変わるシステムの流れ（文脈）として見るわけである。これはいわば，現象学的文脈主義の説明概念であり，また，現象学的文脈主義はこうした理解の概念的基盤である。

　現象学的文脈主義では，治療者が眠気を悟られたことに罪悪感を覚えながら，それをエナクトメントだと理解した意味を問う。つまり，その情緒体験自体が，どのような文脈の中で生じたのかを問い直す。そこでは，眠気がエナクトメントだという判断の妥当性や「真偽」は重要ではない。重要なのは，どのようにして，どのような意味で治療者がそれをそう意味づけたのかである。たとえばそのころの治療者は，自分だけがこの患者を育てられるとか，この患者の話を理解できる，という思いを強くしていたかもしれない。その文脈では，治療者が患者の話を理解できないことは，自分の存在意義の喪失とも感じられる。その中で生じた眠気だからこそ，恥と罪悪感を伴うエナクトメントとして意味づけられた。治療者のかかわりが嫌悪的だったならば，恥や罪悪感は覚えなかったかもしれないし，あるいは，エナクトメントだとさえ理解されなかったかもしれない。

II. 人間であることの心理学

　「人間であることの心理学（Psychology of Being Human）」は，私が自己心理学に導入した言葉で（Togashi, 2014c; Togashi & Kottler, 2015），近年は米国の同僚の間でも用いられている（Weisel-Barth, 2015; Jacobs, 2017; Brothers, 2017, 2018）。Kohut は，自我の機能不全の分析と自我の適応機能の回復を主な目標とする自我心理学に対し，自己体験の乏しさ

の分析と豊かさの回復を主な目標とする自分の理論を,「自己心理学」（Self Psychology）または「自己の心理学」（Psychology of the Self）と呼んだ。しかし,私たち（Togashi & Kottler, 2012, 2015）が精査したところによれば,晩年彼は「自己」よりも「人間である」という体験に注目し,それを理論の中心に据えつつあった（Kohut, 1981a, 1984）。私は,それを「自己の心理学」と区別して「人間であることの心理学」（Psychology of Being Human）と呼んだ。

「人間であることの心理学」は,ヒューマニズム精神や人間的な温かさを意味するものではない。それは,患者も治療者も人間的な苦悩を抱えた存在で,互いにわかるところもあれば,さっぱりわからないところもあることを承認しつつ,二人が関係を紡いできたプロセスをとらえることに意味を見出す精神分析実践のことである。したがって,どんなに治療者が理解しようとしても患者のことは結局わからないこと,どんなに患者が理想を求めても治療者はただの人間であることを認める考え方であり,そこには,不可避的に生じる悲劇性や人間的冷たさも含まれる。

1. 不確かさを生きることの精神分析

精神分析臨床で扱われるものの中心が,自分を人間であると体験することの意味へと移ると,人が生きるということはどのようなことなのかという実存的問いを扱うことになる。こうした中で,近年の分析家たちが注目したのは,世界の予測不可能性,生きることの不確かさ,人間存在の有限性である。

予測不可能性とは,単純で短期的なことは予測できるが,複雑で長期的なことの予測はできないことを意味する。車が突っ込んでくれば自分が死ぬ可能性が高いことは予想できるが,いつ,どこで,どのように歩いていると,車が突っ込んで来るのか,それによって自分が死ぬほどのダメージを受けるかどうかは予測できない。生きることの不確かさとは,世の中に確実に操作できるもの,理解できるもの,定義できるものはな

いことを意味する。災害は平穏な生活に当然降りかかるし，愛が永遠に維持される保証はない。有限性とは，人が死に向かっている存在で，永遠に生き続けられないことを意味する。それは人間存在にとって唯一確かなことだが，しかし通常私たちはそれを直視せずに生きている。

　Stolorow（1999, 2007, 2010b）は，人が自分として存在するという感覚の意味を，トラウマと関連づけて考察する。彼はトラウマを，精神病理とも克服すべき問題ともとらえない。彼にとってトラウマは，人生の中に統合し，それによって人生の意味を広げる体験である。実存的有限性の中にある人間は，日常生活の絶対性を脅かされる際に生きている。同時にその有限性は，唯一，人間どうしが共有できるものである。精神分析は，患者と分析家がその共通基盤において関係を紡ぐフィールドである。

　Brothers（2008）は，患者も分析家もトラウマ化された存在だと考える。トラウマ化された人間は，不確かさの感覚に耐えられない。そうした人は，善か悪か，敵か味方かといった二分法の中に確かさを求める。彼女が重視するのは，患者だけでなく，治療者もまた，精神分析実践において確かさを感じようとすることである。不確かさを許容できず確かさにとらわれた治療者は，自らの理解，解釈，介入を明確なものだと体験し，観察された現象を患者の原因か治療者の原因かの二分法で理解してしまう。

　私は，人間の悲劇性を「世界の偶然性」に求める（Togashi, 2014a, 2014b, 2015b）。私の考えでは，世の中の事象は偶然でも必然でもあり，人間の体験はその中間の「可能性の領域」に浮かび上がる。しかし，トラウマ化された存在は，体験を偶然か必然かの二分法でとらえ，時間や空間に必然性を求める。精神分析実践において重要なのは，患者と治療者が精神分析関係やそのプロセスを必然でも偶然でもあるととらえ，それによって，不確かさの感覚をともに生き抜いていくことである——つまり，不確かさのワークスルーである。

こうした考え方は，治療者の精神分析理論に対する態度の問い直しでもある。臨床技法や理論，考え方は，決して確かなものではない。治療者がそれを確かなものだと感じるとき，その精神分析的二者関係は健康な柔軟性を失っている可能性がある。治療者は常に，そうしたリスクを念頭におきながら専門的作業を行う必要がある。

2. 倫理的転回と患者のかかわり

　倫理的転回（Ethical turn）とは，患者の他者性に向き合うことである（Baraitser, 2008; Corp, 2013, 2016; Brothers, 2014a, 2014b, 2018; Orange, 2013, 2014a, 2014b; Sucharov, 2014; Weisel-Barth, 2015）。他者とは，自分には動かしがたい主体的な心を持ち，永遠に了解できない側面を持った存在である。「私はあなたが好きです。だから振り向いてください」と願っても，他者はその願いと交わらない文脈で振り向くかもしれないし，振り向かないかもしれない。そして他者は，「自分を好きになってくれないなら，消えて」と願っても消えない。治療者が患者を分析の「対象」ではなく一人の「人間」と見ると，治療者はすぐその了解不能性に直面する。患者は，治療者の理解や共感的態度とは異なる文脈で，考え，感じ，行動する側面を持っている。そこで治療者にできるのは，ただその患者に向き合い，かかわることだけである。言いかえればそれは，治療者が，患者という他者との間にどのような関係を持つべきなのかという問いであり，患者という人間への責任のテーマである。

　Orange（2013, 2014a）は倫理的転回の哲学的基盤を Lévinas に求める。Lévinas の『他者』は，それとかかわる人自身の自覚の前に，絶対に交わらない存在として登場する。『他者』との関係は，私による他者の理解には還元し得ない。しかし，その他者との関係は，その還元し得ない理解を越えてなおそこにある。その顔を見た「私」は，相手がわからないがゆえに，真剣にかかわるしかない。そうでなければ「私」は，わからない相手をその認識から消すか，「私」を消すしかない。それが暴力

である。

　Sucharov（2014）は，治療者が患者と「約束しようとすること」は，約束の内容に先行して患者の不安や訴えに対してなされる倫理的応答だと論じる。彼はそれを，共感や理解のプロセスというよりも，治療者が人として相手への責任を果たそうとする行為だと考えた。治療者は治療契約に始まり，患者と多くの約束を交わすが，その約束が患者を他者として承認して果たそうとする責任としてなされたものなのか，治療者が治療者という役割において患者を対象として行ったものなのかは，自らに問わなければならない。

　Coburn（2013, 2015）は，Kuhn（1962）の「通約不可能性」（incommensurability）の概念は科学の理論間の問題においてだけでなく，人間どうしの関係においても応用できると述べる。通約不可能性とは，「異なるパラダイムに属する科学理論の間には，両者の優劣を比較する共通の尺度が存在しない」（大辞林第三版，2006）ことを意味する。異なる理論は，同じ用語を用いていても，それが意味するものが異なる。理論間対立は，一見同じ言葉を巡って行われていても，もともと同じ基盤に立っていない中に生じる。Coburnはこれを人間どうしの関係に当てはめ，治療者と患者は人間として異なるパラダイムを持っており，同じ言葉でもその意味づけが異なると考える。治療者はそれを認めながら，永遠に得られることがない相手との通約可能性を求め続けなければならない。

　私の患者の一人は，持続的な希死念慮を抱いていた。彼女自身にさえどうにもできない希死念慮に対して私は，できる限りの方法をとった。私は主治医と連携を取り，いざとなったら，彼女が即座に入院できる体制を整えた。彼女の家族とも連絡を取って協力を求めた。私と「死なない」という約束を交わすことは彼女に拒否されたが，希死念慮が高まったときには必ず病院か私に連絡する約束も取り付けた。彼女が用意していた自殺用のロープは，私が預かった。セッションでは毎回，希死念慮

の変化と程度を確認した。しかし，さまざまな手を打ってもなお，私の中に残るのは，彼女が本気で自殺を試みたら防ぎようがないことだった。彼女には，究極の部分で絶対に私にはわからない部分があった。それは，彼女が私ではないからである。

　倫理的転回は，「人間であることの心理学」において，治療者が患者にかかわる際の姿勢を問う。精神分析技法の不確実性，予測不可能性に臨む現代自己心理学者や間主観性理論家は，相互交流モデルを作る中で，従来の精神分析技法がいつも正しいわけではないことを明らかにした。彼らは，自分が患者にかかわる際の基準を解体したのである。その彼らがかかわりの基準として求めたのが「倫理」である。この倫理は道徳ではなく，人が人にかかわることにおいて必要される姿勢である。

　従来の精神分析が治療者に求めたのは，患者を理解することや，患者に共感的に接することだった。そこにあるのは，治療者は患者の主観的世界をとらえられるはずだという前提である。この前提はときに危険である。患者を理解できると思う治療者は，それが理解できないとき，人間としての患者を否定し，病理を内包した「対象」として患者を理解しようとするからである。たとえばそれは，治療者が「患者の陰性治療反応は，患者が父親との関係で作った病理的関係性だ」と理解するような場合である。そのようなかかわりは，人間としての本来的な（authentic）姿を失ったトラウマ的なものである。治療者が目の前の人に真摯にかかわろうとするのは，患者にはどれだけ理解しようとしても，絶対に理解できない部分もあることを認めるからである。

III. おわりに

　ここに挙げた理論に共通するのは実践的であることである。抽象的に見えるこうした理論はいずれも，治療者に非常に具体的な臨床的感性を提供する。システム的視座は，精神分析実践に観察される事象をできる

だけそのまま取り出そうとする感性を提供する。人間であることの心理学は，社会で生きる人間の苦悩をそのままとらえようとする感性を提供する。こうした感性を用いることに慣れると，精神分析臨床の場が急にはっきりと見えるようになる。

第4章　精神分析の倫理的転回とその意味

　「精神分析の倫理的転回（Ethical Turn in Psychoanalysis）」（Baraitser, 2008; Corpt, 2013, 2016; Orange, 2014a, 2014b, 2016a, 2016b, 2017; Sucharov, 2014; Brothers, 2014a, 2014b, 2018; Goodman & Severson, 2016; Katz, 2016; 富樫, 2016b; Togashi, 2017a, 2017b）を作っているのは，間主観性システム理論や関係論の精神分析家，以前から彼らと交流があった哲学者や神学者たちである。彼らは，心理学，政治学，環境学，社会学，宗教学など，さまざまな領域で社会的不公正や人間性の問題に取り組む研究者との学際的議論を行ってきた。それはやがて一つのまとまりとなり，「Psychology and the Other」と名づけられた学会に具体化される。学会は2010年に設立され，2011年から隔年で大会を行っているが，そこでの議論に加わると，米国精神分析に新たな風が吹き始めていることを感じる。

　倫理的転回自体は，最近始まったものでも，精神分析だけのものでもない。それは哲学や美学，文学，政治学，宗教学，法学など，人文科学とその応用実践を中心に20世紀後半に生じた思想や価値，視座の転換である。具体的にはそれは，既存の知見や理論に関する道徳哲学からの評価，その学問や考え方自体に含まれる価値体系の問い直し，他者との出会いの周辺に生じる私の責任，個人的・経済的・社会的暴力の倫理的検証である。それは結果的に，それ以前の教条的で覇権的なパラダイムに異を唱え，自分と他者とのかかわりが人間的かどうかを問うものになる。倫理的転回に敏感な者は，物事の構造や真理の解明よりも，人がど

のように他者とかかわり、そこにどのように世界ができ、何を人間的とするかに関心を向ける。

　精神分析に倫理的転回が興ったのは驚くことではない。むしろ遅すぎたくらいである。精神分析は、人が人に出会う処に展開する実践であり、その実践をもとに心を理解しようとする営みである。その理論体系には、人が世界で生きることの苦悩や、道徳性の発達モデルも含まれる。哲学者の Tauber（2010）は、Freud を「経験に基づいた心理学と、道徳的自己責任の世界観を結びつけた人間哲学をもとに、人間の性質についての独自の哲学を発見した」人だと述べる。Freud の精神分析には「究極の倫理的ミッション」（Tauber, 2010）が内在されており、心理療法や精神分析に携わる私たちが論じていることは常に倫理的である。しかし私たちは、それを一義的に倫理的なものとは見なかった。そこにようやく、倫理的転回が生じたのである。

　Goodman & Severson（2016）は、倫理的転回の「転回」は、明確な着地点が見出されていないが、あるものから離れて他へと向かおうとする流れを意味していると述べる。離れようとしているのは「訓練や歴史を通して私たちの考えの歴史を支配してきた状況**から**」で、向かおうとしているのは「知識や概念化が生じた原点としての他者との関係の**方向**」（Goodman & Severson, 2016, p.2, 強調は原文）である。言い換えればそれは、私たちが、すべての人間に通じる壮大な一般原理の存在を前提に物事を考えることから離れ、理論や概念、システムは人との出会いから浮かび上がり、形作られるものだと考える方向へと進むことである。序章と 1 章で述べたように、倫理的転回の視座から見れば、私たちがさまざま学術領域で打ち立てた理論や概念、システムは、私たちが発見する以前からそこにあった真実ではない。しかし私たちは、それを世の中の現象を広く説明する一般原理だと見なし、その優越性から人を評価する。他者との出会いからその場に浮かび上がっただけのものが実体化し、逆に人を評価し、区別して苦悩を生む。

私たちが心理療法の諸概念や診断基準で患者を評価しているときも同様である。私たちはこう問わなければならない——自分の頭に患者を評価する概念や診断基準が浮かんだとき，私たちはその知識を用いて患者を説明するべきなのか，それとも，それで患者を説明しようとする発想自体が，その患者との関係における振る舞いにすぎないと考えるべきなのか。私たちは他者と出会った瞬間，その出会いを説明しかかわり方を導く原理を求める。その出会いが何かわからないからである。そのもがきが一つの見方を生み出す。しかし次の瞬間，私たちはそれが自分のもがきであったことを忘れ，目の前の他者を評価するためにそれを用いる。「ああ，だからこの人はこうなのだ」とか「自分はこの人にこう対処すればよいのだ」と。その姿勢はすでに，自分と患者との出会いから人間性を奪っていないか——倫理的転回は私たちにそう問いかける。そのような意味で見れば，もしかしたら，私たちが準拠する「倫理綱領」や「法的責任」にさえも非倫理的な側面が含まれているかもしれない。

　以前別のところで述べたように（富樫，2016b），倫理的転回は，心理療法や精神分析がこれまで論じてきた倫理とは異なる次元の議論である。これまでの議論とは，分析家として専門技能を提供することに関する倫理的基準（APA, 2007），患者に社会的に逸脱した行動が見られる場合の取り扱い，道徳性の精神発達プロセスの理解である。本稿で論じる倫理は，それと密接に関係しながらも，そうした水準の倫理をも問い直すものである。「私」や「世界」の生まれる起源が『他者』と出会うことにあるならば，私たちが見てきた世界は何だったのか。倫理的転回は，その問い直しの中で，改めて，私たちが背負う責任を考えようとするものである。

　本章で私は，精神分析の倫理的転回が向かう方向と，その意味を論じる。そのためにまず，精神分析の倫理的転回の三つの方向性を紹介し，倫理的転回を生み出した歴史的背景を概観する。そののち，倫理的転回に私たちが寄与できるテーマについて述べ，臨床実践への示唆を論じる。

I. 精神分析の倫理的転回：三つの方向性

Goodman & Severson (2016) によれば，精神分析の倫理的転回の議論は三つの方向性を持っている。三つといっても，相互に関係したものである。一つは，神経科学や愛着，社会的結びつきに関する理論的考察である。もう一つは，社会的立場や定義，暴力，他者性の否認，トラウマに関する議論である。三つ目は現象学的，解釈学的，社会構成主義的，間主観的な見方についての臨床的議論である。言い換えれば，一つ目は「どのように他者を知るのか」，二つ目は「苦悩はどう作られるのか」，三つ目は「私はどこに生まれるのか」といったテーマである。

1. どのように他者を知るか：神経科学，愛着，社会的結びつきの理論的考察

これは，共感（Kohut, 1959, 1982）やメンタライゼーション（Fonagy, 2001; Fonagy & Bateman, 2004），愛着（Bowlby, 1969, 1980），相互承認（Benjamin, 1990, 2007, 2010, 2018）のプロセスに関する理論と，それらに関する神経科学的裏付け（Schore, 1999）を倫理のテーマとしてとらえようとするものである。

精神分析は長い間，個人の心やその病理を探求してきたが，近年の「関係性への転回（relational turn）」（Mitchell & Black, 1995; Greenberg & Mitchell, 1983; Aron, 1996; Mitchell, 1988, 1993, 1997, 2000; Ghent, 1989, 2002; Benjamin, 1988, 1990, 1995）から発展した理論は，他者との交流に関するさまざまなモデルを提唱するようになった。それは実体化されたモデルとして，私たちの臨床実践に意味を与えた。しかし倫理的転回は，特定の他者（the specific other）との出会いについての議論である。倫理の側面からみるとそれは，関係の実体を解明するモデルというよりも，私たちが他者を知り，他者に応答し，他者の心の流れを承認する営みの

表現である。そのようにモデル化すること自体が，私たちの他者との出会いの記述なのである。臨床実践に携わる私たちは，目の前にいる患者に私たちがかかわろうとし，目の前にいる私たちに患者がかかわろうとするあり方によって，こうしたモデルの浮かび上がり方が変わり，臨床的な景色が変わることを知らなければならない。そうすることで私たちは，自分の他者へのかかわり方が，人間的なものなのか，そうでないものなのかにより敏感になることができる。その中では，関係性のモデルは倫理的問題から二次的に生まれた理論（second psychology）と位置づけられる。

2. 苦悩はどう作られるのか：社会的立場や定義，暴力，他者性の否認，トラウマ

　これは，批判理論やフェミニズム倫理（Cornell, 1999; Gilligan, 1982），脱・ポスト植民地主義（Bhabha, 1994; Spivak, 1990; Bhatia, 2018）の流れと精神分析の接点である。それが焦点を当てるのは，人種，ジェンダー，社会階級，多文化，政治的支配 - 被支配といった問題である。臨床的問題としてみるとそれは，トラウマや暴力が社会システムや世代間で伝達されることへの社会学的・存在論的アプローチであり，社会的問題としてみるとそれは，社会的，政治的，文化的，経済的不公正への社会運動である。

　Orange（2017）によれば，こうした見方は間主観性システム理論の発展形である。なぜならば，貧困や災害被害，差別などで抗議の声を上げている人々の苦悩は，「その人たちだけの区別された苦悩」ではないからである。間主観性システム理論は，他者から切り離された個人や，他から区別された単独のシステムとしての心を仮定しない。それは，治療状況に展開する問題を患者か治療者のどちらか一方の問題に還元しない。彼女は，それを社会システムに拡大すれば，どのような社会的不公正の問題であっても，個人の苦悩ではなく社会全体の苦悩だと理

解できると主張する。苦悩の声を上げている人の声を聞いている私たちは，同じ苦悩の被害者であると同時に，加害者でもある（Cushman, 1995; Orange, 2016b, 2017）。

この流れは，必ずしも個人心理療法や精神分析に関係するものではないかもしれない。一般的な意味での臨床活動でさえないかもしれない。それは患者の抱える問題や苦悩を社会システムの中に位置づける作業ともいえるが，より具体的には社会運動としての側面が強い。こうした議論は，臨床家を社会活動や抗議活動など，オフィス外の活動にも連れ出すようなものである。そのため，この種の議論には，個人心理療法家が考えるべき問題ではないという批判が常にある。しかしこうした議論を活発に行う臨床家たちは，そのように問題を外と中に区切る姿勢自体が，従来の西欧的，覇権主義的姿勢そのもので，個別化された心を仮定したFreud時代の価値観と変わることがないと考える。

3. 私はどこに生まれるのか：現象学的, 解釈学的, 社会構成主義的, 間主観的見方

これは「私という存在は他者が現れる前からあるのか，他者に出会った後に生まれるのか」についての議論である。倫理的転回は，まず他者があり，それに呼応する中で初めて「私」を自覚しうるという考えを基盤としている。Orange（2011, 2016b）やBaraitser（2008）は，こうした考え方の哲学的基礎をLévinasに求める。そこに流れているのは，自分の自覚の前に絶対的に私には還元されえない他者がいて，それが了解不可能であるがゆえに人は，他者の苦悩や訴えに無限に応える存在として生まれるという思想である。そこで求められるのは，「永遠に了解できない他者」を前提とした「他者優先」（Orange, 2017）の考えであり，他者に対する無限の敬意と責任である。

Butler（2005）は，「何があっても，完全なアーティキュレーションの可能性を精神分析的作業の最終ゴールにしてはいけない。そのゴール

が示唆しているのは，無意識を自省的・意識的アーティキュレーションに変容させることである。つまりそれは無意識を言語的，利己的に支配しようとする思想である。しかしそれは，全く不可能な理想である」(p.58) と述べる。彼女がここで言及しているのは，従来の心理療法や精神分析に含まれる非倫理的側面である。彼女は，心理療法や精神分析に携わる者は，「私がまずあり，私は患者や私自身を変えることが可能で，私は他者や私を判断することが可能だ」という考えに縛られている，と批判する。

治療者が自分の自覚の前に他者の呼びかけに応える態度は，治療者が自分の考えや判断，理論に確かなものがないことを認める姿勢を導く。「私は患者や自分自身を変えたり，判断したりすることはできない」という考えは，治療者が可謬性（Orange, Atwood, & Stolorow, 1997）や偶然性（Togashi, 2014a, 2014b）に向き合い，自分の理解と判断，解釈に徹底的に謙虚になることを求める。Orange（2017 私信）はその臨床的意味について，「そのような姿勢は，患者と治療者の関係を人間的で，互いが互いに敬意と責任を持ったものとするだろう。患者は治療者が自分を扱う方法を通して世の中を見て，その方法で治療者を扱う。治療者は，患者が自分を扱う方法は自分が患者を扱う方法であることを知らなければならない」と述べる。

II. 倫理的転回の歴史的背景

倫理的転回が「どのように他者を知るか」「苦悩はどう作られるのか」「私はどこに生まれるのか」という方向性を持っているとすると，私たちが今これを論じていることは大変皮肉なことである。こうしたテーマはすべて，心理療法や精神分析が取り組んできた内容そのものだからである。私たちはなぜ，他の人文諸科学と比べて後れを取ったのだろうか。

これは，精神分析が他者や自己，苦悩といった事象を扱ってきた方法

に関係する。こうした事象は目に見えるものでもなく，手に取ることができるものでもない。精神分析家が臨床実践においてそれを扱わなければならなくなったとき，彼らは患者が持ち込むこうした事象を対象化することで，操作可能にしようとした（富樫，2016a）。それは確かに，わかりやすく効率的な考え方だった。他者や自己，苦悩といった事象を一人の心の中の実体的要素だと見なし，それを他から切り離されたものと考えれば，精神分析家はその不具合や問題を確認して治せばよいという結論になるからである。実際には不可能なこの考えに縛られてきた精神分析は，自分たちの考え方自体が他者や自己，苦悩から人間性を取り除いたものであることを認識することが難しかった——もちろんそれは，精神分析だけの問題ではなく，臨床心理学や精神医学，教育など，あらゆる対人援助領域に見られる問題でもあるだろう。

精神分析が倫理的転回に向かうには，精神分析が自らを構成するモデルの問題点に目を向ける必要があった。それが議論され始めたのは 1960 年代で，その先鞭をつけた分析家の一人が Kohut（1959, 1966, 1968, 1971）である。彼は，分析家が観察した事象はすでに，分析家自身の主観性の文脈に組み込まれたものであることを明確にするとともに（Kohut, 1959），患者の私という体験や苦悩は，患者の心の中だけで完結するものではなく，治療者が患者を体験する方法によって変わることを示した（Kohut, 1968, 1971）。

その時代を受け継いだのは，関係精神分析やフェミニズム精神分析である。精神分析理論そのものに対する彼らの問い直し作業は，1980 年になって本格的なムーヴメントを創り出した。彼らは，ポスト・モダンの考え方を背景に，精神分析の内側から精神分析が作り出したメタ心理学や治療技法論，その他の理論を批判的に検証していった。彼らは，精神分析自体が，Freud が抱いた科学者としての万能感や覇権主義の幻想に組み込まれていることを示したのである（Atwood & Stolorow, 1979）。

関係精神分析は，Greenberg & Mitchell（1983）や Hoffman（1983,

1998),Gill(1983, 1994),Donnel Stern(1983, 1997),Stolorow, Brandchaft & Atwood(1987)など,一方向一者心理学的視座に縛られていた精神分析理論を批判的に検証する論客たちが作ったSchoolである。彼らは,精神分析的治療関係に浮かび上がる現象は,分析家と患者の主観性または主体性が相互に影響を与え合う中に展開する間主観的現象であり,患者の病理や問題だけでなく,治療者の理解や解釈もまた,こうした相互的影響の中に特異的に生じるものであると強調した。彼らは,そういったものはすべて,**その**治療者と**その**患者との**その**瞬間の**その**関係(Bacal, 2011)に生じるもので,広く精神分析事象を説明する一般原理ではないことを明らかにしたのである。こうした考えはやがて,ニューヨークを中心に大きなムーヴメントになり,精神分析のフィールドに双方向二者心理学の視座が広がった。ここで精神分析はようやく,他者や自己,苦悩をとらえる作業の倫理的意味を探求する下地を作ったのである。

ニューヨークのホワイト研究所を中心にこうした議論が活発になっていた頃,その流れとは少し異なるところで,分析家と患者の主体性や二者関係,社会的不公正の問題を扱っていた理論家たちがいた。それはNancy Chodorow(1978)やJessica Benjamin(1988, 1995),Carol Gilligan(1982)を始めとするフェミニストたちである。彼女たちは,フェミニズムの立場から,それまでの精神分析や心理学自体が西欧の男性優位的視座に縛られていると批判した。彼女たちの考え方はやがて関係論に合流し,現在の関係精神分析を形作る(第9章参照)。

心理療法や精神分析がこうした流れの中で行ってきたのは,患者を診断する視座,患者の価値観や生き方の判断基準,患者の苦悩の源泉についての再評価である。彼らはいわば,学術や実践科学としての精神分析の中核が「心のモデル」の構築ではないことを示したのである。その中では,精神分析は,人が他者に出会い,そこに一つの価値観や視座を構築するプロセスそのものだと理解される。倫理的転回は精神分析をいわ

ゆる「第一の心理学」（Goodman & Severson, 2016）とは考えない。彼らは，精神分析を人が他者に出会うところに生じる倫理としての学問・実践だと考える。そうした歴史を背景に，精神分析はようやく倫理的転回を始めたのである。

III. 私たちに貢献できること

　米国で興った倫理的転回は，日本人臨床家にとってどのような意味を持つのだろうか。注意したいのは，こうしたムーヴメントを学び，それを日本に輸入しようという態度は，それ自体西欧覇権主義に組み込まれた考えの可能性があることである。確かにそのムーヴメントに学ぶべきことは多い。私たちは，そのムーヴメントの中で展開する視座から，自分たちが行っている心理療法や精神分析を問い直さなければならない。しかし私たちは同時に，そのようなムーヴメントからものを見る姿勢自体の是非も問わなければならない。私たちはまだ，心理学や精神医学，心理療法，精神分析がどのように西洋の文化的価値観に組み込まれ，どのように日本の文化的価値観に組み込まれているのかを十分に検証していない。そしてそれが，私たちが患者と出会うことをどの程度人間的なものとし，非人間的なものとしているのかを検証していない。

　そうした視座で Bhatia（2018）は，西欧で教育を受けたアジア人の立場から，現在の心理学や精神医学，精神分析の理論体系や診断モデルに含まれる西欧的視座を批判した。彼は，非西欧諸国が西欧の精神医学や心理学体系を次々に取り入れ，その視座から自らの精神医学や心理学を作る様子は，一つの植民地的心性であると述べる。彼は，グローバリゼーションは，学問的な領域においても，歴史的な帝国主義と植民地の関係を組み込んだもので，心理学や精神医学，心理療法や精神分析も，その関係性から逃れられていないことを知るべきだと強調する。

　実際のところ，心理学者や精神医学の関係者は，DSM が改訂されれ

ばこぞってそれを購入し，そのような診断基準が浮かび上がるに至った文化的・歴史的背景を考慮せずに自分の文化圏で用いる。彼らは，新たな心理学尺度が開発されればその開発手法や手続き自体がすでに西欧文化圏の科学的手法に組み込まれていることを考慮せずに利用し，その手続きや考え方を基盤として自分の文化圏に適用する尺度を作成する。そうした動きは，科学的妥当性の担保と科学者どうしの共有基盤の構築という名目のもとに正当化され，文化を超えて用いられているが，その名目自体がすでに，西欧文化圏の倫理感や価値観から生まれたものであることはあまり顧みられない。私たちは，それに従って患者を評価し判断することが，彼らを人として扱うことになるのかを問う必要がある。

　同様の観点から私は，精神分析におけるSincerity（誠実さ）の問題を検証した（Togashi, 2017b, 2017d）。私はその中で，クライン派のMeltzer（1971）や関係論のLevenson（1974）がモデル化したSincerityを取り上げ，その考察・解釈法自体に西欧文化圏の価値観が含まれていることを示し，精神分析のSincerityを日本の倫理思想の中で発展してきた「誠」の概念から再評価した。さまざまな精神分析的かかわりが倫理的転回の中で再検証されてきたにもかかわらず，最も倫理的なこの概念は，依然としてカント的倫理に縛られてきた。MeltzerもLevensonも基本的には，Sincerityを患者か治療者かどちらか一方の心のあり方として論じ，その本質を個人の格率と言動の一致にあると見た。しかし，臨床実践をする私たちの価値基準が目の前の患者に全く影響を受けず，自分の言動が常に一致しているとしたら，それは倫理的と言えるのだろうか。私たちの言動は場面によって変わり，人間を体験する基準は患者によって変化する。私たちの言動が一致していてもいなくても，治療関係は誠実にも不誠実にもなる。時処位論に基づく「誠」の倫理思想の本質は言動一致にはない（佐久間, 1977）。それは，人が大きな宇宙の流れや定めに身を委ねられるだけ十分に心を純粋にすることで，自分や他者との関係の自覚の前から流れている宇宙的な誠実さを反映できるという

思想である（相良, 1980）。

精神分析の倫理的転回は, これまでの精神分析理論や概念を多重文化的, 脱植民地主義的に再検証する動きでもある。しかし, この倫理的転回が西欧の動きであるために, この領域の検証は進んでいない。日本人の私たちは, 倫理的転回自体に含まれる覇権主義を考慮しつつ, 私たちが私たちの文化の中で患者に向き合うときに用いる理論体系が人間的なものなのかどうかを問わなければならない。

IV. 臨床的示唆

精神分析の倫理的転回は, どのように私たちの臨床実践に反映されるのだろうか。倫理的転回は, 私たちに臨床実践の総合的内省を求める。倫理的転回に敏感な治療者は, 面接室の中にいながら, 目の前にいる患者と人間的にかかわっているか, 患者を共感的に理解しようとする態度自体に非倫理的なものが含まれていないか, 私たちが不可避的に組み込まれている社会的, 文化的, ジェンダー的, 人種的, 経済的, 環境的, 歴史的, 宗教・思想的背景は, 自分のかかわりや理解を非人間的にしていないか, と問うことになる。突き詰めていけば私たちは, 自分が自分であることや自分が治療者であるということ以前に, 目の前の患者の呼びかけに応えているのかと内省させられる。それは簡単な作業ではない。おそらく不可能に近い。しかし多くの場合患者は, 目の前にいる傷ついた治療者の呼びかけに応えようと必死である（Orange, 2011）。しかし治療者は, それを患者の病理ととらえやすい。

こうした総合的内省のラディカルな流れの一つが, 環境問題（Orange, 2017）, 差別, 貧困, 紛争など, さまざまな領域の社会的不公正の問題に取り組む臨床家たちの動きだろう。広く学際的な倫理的転回のムーヴメントの影響を受けた彼らの中には, 政治的・社会的活動に積極的に参加し, それを他の臨床家に推奨する者もいる。一方で, 社会問題や政

治問題に関心を持ったり，参加したりすることは，私たちの日々の臨床活動とは無関係だとそれを批判する者もいる。中には，臨床家はそうした意見を持つべきではないと考える者もいる。社会的視座と臨床実践との関係は，倫理的転回でもまだ十分に論じられていないが（Frie, 私信, 2017; Orange, 私信, 2017），私たちはやがて，これについて自らの位置を明確にすることを求められるだろう。

　ただ言えることは，社会問題への関心が，臨床場面における私たちの視座を広げることである。たとえば私は，毎年多くの患者や学生，知人から彼らの見た夢を聞く機会がある。2017年に私が聞いた夢は，それまでよりもずっと多く，「爆発」や「ミサイル」といった内容が登場し，人を助けることができない自分の加害性を感じさせるストーリーが多かった。私はそれについて，おそらく最近の政治状況を反映したものだろうと考えた。東アジアの政治情勢は，人々の中の心の中に滑り込み，心の状態に影響を与える。彼らの夢は，そうした政治状況の変化の中で日本人全体が感じている不安を代表しているかもしれないし，高齢者世代が太平洋戦争に対して感じてきた何かを表しているかもしれない。加害者は被害者であるとともに，頻発する災害や政治状況の中で苦しむ人たちを救えない加害的傍観者としての自覚を含んでいるかもしれない。しかし，夢内容の計量的記述に拠らずに述べたこの理解に向き合うと，私が彼らの夢に向きあい，それを理解しようとする姿勢自体が，私の不安や罪悪感に組みこまれたものかもしれないという内省ももたらす。

　患者が苛立ちやすくなり，不寛容になったり，ちょっとしたことで厄介な行動化をしたりするようになったとき，私たちはどう考えるだろうか。倫理的転回に敏感になると，私たちは直ちにそれを，患者個人の問題や，治療者との関係の問題とみることができなくなる。私たちは頭の中で，患者の状態には今の社会情勢が多分に含まれていないかと問うことになる。あるいは私たちは，それをより大きな社会システムの摂動の一端と考えるかもしれない。そして自分がそのように考えること自体が，

自分が組み込まれている社会情勢そのものを示しているかもしれないと内省するだろう。

　私の患者の一人は，最近の気分の落ち込みについて，自分がこの頃日本で起きるさまざまな災害の被災者やサバイバーたちを支援せずに日々暮らしていることの罪悪感に関係していると述べた。最初私はそれを，患者が個人史に触れることへの抵抗だと考えた。しかし，いくつかの内省を経て私がたどり着いたのは，それは，患者とそれを取り巻く社会全体の体験的真実の記述の一つとしては決して不自然なものではないということだった。確かにその体験には，患者の個人的意味や治療関係上の意味など，多くのものを含んでいるだろう。しかしそれを認めてもなお，患者の説明を不合理なものだとする根拠はない。私がそれを認識したのは，自分もその社会に関与していることを否認していたことの自覚からだった。私もまた，日本や世界で起きる災害や紛争の被災者やサバイバーたちを直接支援できず，彼らを苦しみの中に置きざりにしている加害者の一人だった。私は漠然とそれを感じながら，それを認めるのを恐れていた。それは私もまた，この時代に生きているという点で被害者であることを認める恐れでもあった。そうした恐れが，患者の語りに疑問を持たせた。この理解をもたらすのが倫理的敏感さである。

V. おわりに

　精神療法や精神分析における倫理的転回は，私たちがとらわれている価値観を徹底的に問い直す作業である。それは，奇抜なアイディアを生み出そうとするものではない。それはただ，自分の心にあるすべての価値観を一度オープンにしたうえで，私たちが患者に日々出会うことの人間的意味を考えるようにと，私たちに訴えるだけである。私たちはなぜ，自分もさまざまな傷つきを抱えながら，傷ついた患者に向き合うのか。倫理的転回は常に，そう治療者に問いかける。

第二部

倫理的転回からの精神分析概念の再考

第5章　人間であることの心理学

　Heinz Kohut の理論は，一般的には，「自己愛の心理学」から始まり，「自己の心理学（Psychology of the Self）」（Kohut, 1971, 1977）として体系化されたと考えられている。しかし私は，同僚とともに，早逝した彼が十分に発展させられなかった双子体験（twinship experience）の概念的整理をする中で，晩年の彼の考えが「自己の心理学」を超えて「人間であることの心理学（Psychology of Being Human）」（Togashi, 2014a, 2014b, 2016, 2017a; Togashi & Kottler, 2015, 2018; Jacobs, 2007; Weisel-Barth, 2015）に向かっていたことを明らかにした。「自己の心理学」は，自己が，自己対象体験の中で，どのようにして融和的に体験されるのかをとらえようとするが，「人間であることの心理学」は，人が，どのようにして，自分を「人に囲まれて生きている人」だと体験するのかをとらえようとする。私たちが整理した「人間であることの心理学」は，精神分析の倫理的転回（Ethical Turn in Psychoanalysis）（Baraitser, 2008; Corp, 2013; Brothers, 2018; Orange, 2013, 2014a, 2014b, 2016a; Sucharov, 2014; Weisel-Barth, 2015; 富樫, 2016b）の概念的基盤ともいえる。

　私たちは自分たちの試みを『Kohut's Twinship Across Cultures: The Psychology of Being Human』（Routledge, 2015）という書籍にまとめた。本章は，その書籍を概観しながら，「人間であることの心理学」の臨床的意義を論じようとするものである。最初に私は，自己対象体験の基本的な考え方と双子自己対象体験の位置づけを示し，そののち，双子自己対象体験の概念的整理を行う。最後に，「人間である」という体験を

とらえることの臨床的意義について論じる。文中に表記される Chapter の番号は，『Kohut's Twinship Across Cultures: The Psychology of Being Human』の構成章である。

I. 自己対象体験と双子自己対象体験

1. 自己愛転移から自己対象転移へ

第2章で述べたように，Kohut の自己心理学は，自己愛性パーソナリティ障害の患者が発展させる特有のかかわり方の研究から始まった。

そうした患者のかかわり方は，Kohut 以前から自己愛転移と言われてきた。Kohut はこれを，「鏡映転移」と「理想化転移」の二つに分類する（Kohut, 1968, 1971）。鏡映転移は，患者の誇大自己が活性化したもので，自分を確固とした存在と感じるために，分析家が自分を受け入れ承認してくれることを求めるような転移である。Kohut（1971）が代表例として挙げた F 嬢は，延々と自分の話を続け，Kohut が口をはさむことを好まず，自分の話から逸脱しない限り彼のコメントは受け入れるが，自分の話から逸脱した彼独自の見方には，不快感と怒りで反応した。彼女は治療者が主体性を示すことを認めなかったのである。

理想化転移は，理想化された親のイマーゴが活性化されたもので，自分の強さや安全を感じるために，分析家に対し，理想化され得る強さ持った存在であり続けるように求めるものである。G 氏の症例（Kohut, 1971）では，Kohut が休暇の予定を伝える際に，彼が休み中に電話をかけてくるのではないかという恐れが声色に含まれていたことをきっかけに妄想的反応が始まった。Kohut の力強さによって自分を保っていた彼は，不安そうな Kohut の様子を見て自分を支えられなくなったのである。

Kohut は，このような転移の背景には「自分の体や心を自分でコントロールできると大人が体験するときと同じような自明的確かさ」（Kohut, 1971）で分析家を所有する空想があると述べる。患者は，物理的に自分

とは異なった存在であるはずの分析家を，自分の一部であるかのように体験する。患者は，自分が描いたように分析家が振舞う限り安心するが，そうでなければ自分がばらばらになるほどの失望感を体験する。従来の精神分析は，このような現象を，非常に未熟で，病的なものだととらえた。

　しかしKohutは，他人を自分の一部であるかのように感じること自体は病的なものではなく，病的かどうかは，その求め方の程度や求める質の問題によると考えた（第2章）。彼は，自己愛性パーソナリティ障害の患者の関係の取り方は，本来ならば得られるはずだった親からの承認（鏡映体験）や親の強さへの憧れ（理想化）が得られず，極端な形でそれを求めるようになっただけのものだと理解する。そう考えると自己愛転移は，解消されることを目的に分析されるものではなく，患者がそれを求めざるを得なくなった背景を理解するために分析されるものになり，さらに重要なことに，その得られなかった体験は分析家との間で修復される方向に再体験されることで，健康な形へと変容するものだと理解されるようになった。

　そうなると，「自己愛転移」という言葉は，従来の精神分析とKohutとで異なったものを意味することになり，それが示す現象と語感も合わなくなった。また，他者の体験を通して得られる豊かな自分を意味するものに「自己愛」という言葉も適切ではなくなった。そこでKohutは，前者を「自己愛転移」ではなく「自己対象転移」，後者を「自己愛」ではなく「自己」と呼び替え（Kohut, 1977），自己対象転移とは，治療者との自己対象体験を通して「自己」という体験を豊かに感じるものだと定義した。ここでKohut理論は，「自己の心理学」となったのである。

2. 双子自己対象体験

　双子自己対象体験（twinship selfobject experience）は，Kohutが十分に整理することができなかった概念である。彼はこれをいくつかの異な

る方法で記述していて，定義も一つではない。私たちの分類ではそれは7つに及ぶ（Chapter 1）。ここでは，最も有名な2つの定義に沿って整理する。

　第一の定義は，「他者との本質的類似性の感覚（a sense of essential alikeness）」である。Kohut（1984）はその感覚について，「瓶の中にいるジーニー」の空想を持つ女性患者の例を挙げて説明している。彼女は，孤独を感じたときはいつでも，瓶の中にいると彼女が空想するジーニーと話をした。彼女の説明ではそれは，自分と本質的な部分で似ていて，誰よりも自分を分かってくれる存在だった。彼女は，ジーニーと一緒にいる限り，孤独な時間を生き抜くことができた。彼女はこれと同じ感覚をKohutに求め，それが得られている間はジーニーを必要としなかったが，それが得られないとその空想に引きこもった。

　第二の定義は，「人に囲まれて生きている人の感覚（a sense of being a human being among other human beings）」（Kohut, 1984）である。Kohutはこれを，アポロ13号の乗組員たちの体験を例に挙げて説明している。宇宙船が壊れた状況において，彼らが何よりも願ったのは，大気圏突入の際に失敗して燃え尽きたとしても，地球の人たちの元へ帰りたいということだった。自己対象体験としてのそれは，人は，どんな存在であれ，周りに人がいて，その中で生きているのだという感覚を求めていて，それを通して初めて自分を人間だと感じることができるというものである。周りに人がいなかったら，人間はまともではいられない。

　私たちが注目したのは，二つの定義の質的な違いである。確かに，この二つの定義は同じものを含んでいる。他者との本質的類似性は，他者と自分は互いに人間なのだという感覚の中にもあるからである。しかし丁寧に考えてみると，「他者と自分が似ている」という体験は，「人に囲まれて生きている人だ」という体験と必ずしも同じではない。通常の意味での「似ている」という体験は，互いが人間であるという体験を前提として，その上で二者の類似性を感じることである。それでもKohut

がこの二つの定義を並べたのは，彼が頭の中で考えていながら十分に精緻化できなかった何かが含まれているからだろう。私たちは，それを解き明かすことで，彼が晩年に言及した「人間である」という感覚をつかむことができるのではないかと考えた。

II. 双子自己対象体験再考

1. 関係性として見た双子体験

　私がまず注目したのは，双子体験の双方向的プロセスである（Chapter 2, Chapter 4）。Kohut理論は，そこに双方向プロセス理論の萌芽が見られるものの，基本的には一方向的なプロセスを描いたものである（富樫，2011b, 2013b）。双子体験もその例外ではなく，「患者が分析家を本質的に自分と似ていると体験したい」または「患者が自分を本質的に分析家と似ていると体験したい」という第一の定義に含まれるニードは，患者から治療者に向けられたものである。

　そこで私はまず，双子体験において，患者が治療者から自分へ求めてもらいたいと願う体験を記述した。そこで示されたのは「自分の中に治療者自身の姿を見てもらいたい」というニードである。そこには，文化的なものも含まれているだろう。私が論じた患者は二人とも日本人で，彼らは治療者に対し，「彼らが治療者を似ていると思う前に，治療者が先に彼らを似ていると思ってほしい」というニードを発展させ，そして，それが得られないときに落ち込んだり，苛立ちを示したりした。一人の患者は自分の話よりも，治療者が青年期の頃に関心を持ったものを話題にすることを好んだ。精神科で勤務するもう一人の患者は，自分が臨床心理士を目指していることを話す前に，治療者が彼女の苦労を見て，昔の自分を見ているようだと言ってもらうことを望んだ。

　ここで重要なのは，関係をオーガナイズする順番と治療者の主体性である。患者は，自分が口にするよりも前に，治療者から「君を見ている

と，以前の自分を見ているようだよ」とか「君の中には，私みたいなところがあるのだね」と言ってもらうことを望んだ。しかもそれは，患者に求められる前に治療者が感じたものでなければならない。私はこの双子転移を，Kohut の第一の定義と区別し，「私の中にあなたを見てもらいたい」というニードが表れたものだとした。なぜならば，この転移は「他者との本質的類似性の感覚」だけでは十分に説明されないからである。これは「治療者を似ていると思いたい」というニードが表れたものではない。患者からすれば，治療者が自ら「この患者を見ていると，自分を見ているようだ」と思うことが重要で，それがあって初めて，「自分は治療者と似ている」と感じることが可能になるからである。

　私はこれを，日本の徒弟制度を参照して論じた（Chapter 2）。親方は口では厳しく叱ったとしても，「こいつを見ていると，昔の俺みたいだ」とか，「俺だって同じように失敗したんだ」と思いながら弟子に接する。親方のその態度を感じて初めて弟子は安心し，自分も親方のようになりたいと感じることができる。弟子が先に親方と自分は似ていると表明するのは，不遜なことである。あるいはそれは，親方に迎合しているだけである[1]。

　私の定義する双子体験の次元は，人間どうしの関係の最も中核的な部分ともいえる。他者に自分と同じようなものを見ているときには，その相手の上に原爆を落としたり，相手を虐殺したりできないからである。誰かが自分に自分を見出してくれるということは，最も安心できる人間関係の一側面なのである。

---

1) この定義は，Kohut の考えに全く含まれていないわけではない。Kohut（1984）は双子体験を「地下室で父親の横で大工仕事をする息子の体験」（p.198）と述べ，そこに，父親が子どもを「自分の分身（chip off the old block）」（p.199）と見るような体験があることをほのめかしている。しかし彼の考えには揺れがあり，彼は全く同じエピソードを共感や理想化の例にも使っている。

2. 類似性と差異性

続いて私が注目したのは,「君の中には, 私みたいなところがあるのだね」や「この人を見ていると, 自分を見ているようだ」という体験がどのように生起するのかということである (Chapter 4)。「自分を見ているようだ」という体験は「この人は自分と同じだ」という体験からは生じない。完全に「同じだ」という体験があるとすれば, それは双方の主体性を欠いた融合体験だからである。一方が他方に対して「自分を見ているようだ」と体験するためには, 一方は, 他方の中に自分にはない部分も同時に見ていなければならない。徒弟制度の例を見ても, 弟子は自分とは世代も育ちも違うにもかかわらず, 自分を見ているようだと親方が思うからこそ, 両者に特別な親和性が生じる。

つまり双子体験は, 相手の中に「自分のような部分 (myself)」と「自分にはない部分 (not-myself)」を同時に見なければ成立しない。それを双方向的にみるならば, 治療関係を組織する二人は, 互いに相手の中に「自分にはない部分」と「自分のような部分」を見出さなければならない。私はこれを「自分のような部分と, 自分にはない部分を相互的に相手に見出すプロセス mutual finding of oneself and not-oneself in the other」(相互発見プロセス) と名付けた。

私の考えでは, これこそが, 人間どうしが互いに相手の主体性を尊重しつつ, 相手との関係を築く基本的な要素である。それがあって初めて二者は, 相手に迎合するのでも, 服従するのでもなく, 自分を自分として体験しつつ, 相手と繋がることができる。二人は互いに相手を人間だと認めつつ, 関係を紡いでいくことができるわけである。このような関係の中では, ジェノサイドは起こらない。人種や宗教, 歴史, 文化が異なっていても, 両者は, 相互に相手に自分のような部分とそうでない部分を見ることで, 人間なのだという基本的な感覚において決定的に結びつくからである。言いかえれば, それは類似性と差異性の弁証法であり, ここで初めて, Kohut の「本質的類似性の感覚」は,「人に囲まれて生

きている人」という体験に繋がる。

3. 互いがそこから生じるという場所性の感覚

次に私が考えたのは，人間どうしがそのような形でそこにあるときの関係の特別性である（Togashi, 2011; Chapter 6, Chapter 7）。ここまでの議論で私は，人間がどのようにして人に囲まれて生きていると感じるのかを説明したが，二人の人間がどのようにして互いを特別な存在と見て結びつき，その断絶がどのような苦悩になるのかについては十分に説明していなかった。臨床場面において私たちが観察するのは，患者と治療者の特別な結びつきがもたらす人間としての体験の豊かさと，それが得られないときの絶望感である。そのような意味での双子体験は，どのようなものだろうか。

私が注目したものの一つは，日本語の「一蓮托生」という言葉に示される「場所」と「責任」の感覚である。「一蓮托生」は，「1. 死後，ともに極楽に往生して，同一の蓮華に身をたくすること。2. 善くても悪くても行動・運命をともにすること」（広辞苑, 2008）である。これを含んだ日常の語感としての「一蓮托生」は，「大きな宇宙の流れにおいて誰かと偶然に運命を共にし，その人と本質的に結びついているという感覚」（Chapter 7）である。つまり「場所」とは，二人の間に現在と未来の時間的つながりを生み出す宇宙的空間の共有感覚である。

私が注目したもう一つの「責任」の感覚は，人が存在し，人と出会うことの偶然性がもたらす希少性に関係する。それは，自分がその時代に偶然存在し，偶然にその人とそこで出会ったという理由だけで相手に対して抱く，善くても悪くても行動・運命をともにすることへの決意である。私たちが患者と出会ったことに必然的理由はない。二人はただ出会ったというだけで，互いに相手に自分のような部分と自分にはない部分を見出し，そして，相手に対する何らかの責任を負わなければならない。二人の偶然の出会いは，そこに生じた場所（蓮華）に身を託すプロセス

を生み出し，その関係に二人は，現在から未来へと繋がるような確信と信頼を感じる。私の考えでは，双子体験は，そのような意味で治療的である。

4. 出会いの偶然性とその後をともに過ごしたという意味

　私たちが書籍の中で最後に論じたのは（Chapter 10），そもそもなぜ「人に囲まれて生きている人」という体験が，「双子」体験なのかということである。「人に囲まれて生きている人」という定義をそのままとらえるならば，「双子」と表現する必要はない。「人間どうし」，あるいは「仲間感覚（kinship）」という言葉で十分だからである。ところが，Kohut はこれを双子体験だと述べ，Kohut 以後の自己心理学者たちもこれを「双子体験」と呼ぶことに躊躇はない。

　私たちはこの問題を考えるにあたって，まず「双子」とは何かを検証した。「双子」が普通のきょうだいと違うのは，一卵性であろうと二卵性であろうと，二人が偶然に同じ腹の中に命を授かり，十月十日をともに過ごすことである。その関係の中核的意味合いは，両者の情緒的結びつきや，愛着の実体ではない。両者の情緒的結びつきや愛着の実体が中核的意味合いならば，それはきょうだいでも同じことである。普通のきょうだいと区別される双子という関係の中核的意味は，二人が偶然に同じ時間同じ場所に出会い，そのままともに時間を過ごしてきたプロセスにある。その意味では，双子体験は，特定の情緒的結びつきの実体について定義した「鏡映体験」や「理想化体験」と決定的に区別される。

　私たちは，私が担当した安奈という日本人女性の症例を参照してこれを論じた[2]。安奈は，40代後半のレズビアンの日本人女性で，私は彼女と週に1回，対面で三年間精神分析的心理療法を行ってきた。彼女の主訴は，抑うつ感と，人とつながっていない感覚だったが，抑うつの病歴

---

2) 本症例は富樫（2016）「夢と意味了解の共同作業」（『不確かさの精神分析――リアリティ，トラウマ，他者をめぐって』誠信書房）で論じたものである。

は長く，彼女は何度か深刻な抑うつ状態に落ちいり，食事をとれなくなって社会生活を数か月維持することができなくなったこともあった。しかし私の前にいる安奈は，とても明るく，冗談も多い人だった。彼女の話を聞いていると，友人関係も多く，専門的な職業にもつき，社会生活はとても活発に見えた。

　安奈は，大学生のころから人と安定した関係を持てなかった。彼女は，自分がレズビアンであることは認識していたが，男性とも女性とも刹那的な性的関係を持つことが多く，性的な関係のあとには自分に対する嫌悪感と空虚感でいっぱいになり，抑うつ的になった。彼女は，「自分はただ一緒にいてほっとできる関係」を求めているだけだと述べるものの，彼女が作る関係の多くは常に激しく不安定だった。

　セッションを開始してすぐに二人が共有したのは，安奈が「死」のにおいのする人のところに近づいていく傾向を持っていることだった。たとえば，心理療法を開始する前の彼女のパートナーは，恋人を殺人事件で殺された体験を持つ女性だった。その女性は非常に不安定で，自分の感情を調整するために安奈を必要とした。彼女は，安奈の住む町から150キロメートルほど離れた別の都市に住んでいたが，夜中の2時くらいに安奈を呼びつけたこともあった。別のパートナーは，毎日のように安奈に電子メールを送りつけ，死にたいと訴えた。安奈はそのたびに飛んで行き，様子を確認した。安奈が最も深く恋をした女性には夫がおり，彼女は日常的にDVの被害を受けていた。安奈は彼女を救い出そうとし，2人で生きていくことを誓い合ったが，その女性は「やっぱり私，逃げだせない」と言い残して自殺した。

　安奈に特徴的だったのは，彼女の成育歴に特に大きな問題があるようには感じられないことだった。彼女の母親はエネルギーに満ちあふれた人だった。安奈はその力強さにときに圧倒されたものの，だからといって母親に対して強い否定的な感情をいだいていたわけではなかった。父親はそのような妻の前で比較的受動的な態度をとるような人だったが，

だからといって，安奈に対して特別否定的なかかわりをするわけでもなかった。ただ，やがて明らかになったのは，安奈が母親から自分の妊娠や生誕について一度も話を聞いたことがなかったことである。

　治療関係が進展していく中で，安奈が治療者に対して繰り返したのは，「なぜ，先生なのか」という答えのない問いだった。彼女とって治療者は特別な相手だが，なぜそうなのかわからないというのである。治療者は当初それを，対象としての自分への葛藤を述べたものだと考え，その空想を分析しようとしたが，彼女が求めていたのはそのようなことではなかった。彼女はただ，なぜ治療者に出会い，そして，自分はなぜ治療者と一緒にやってきたのか，と問うばかりだった。

　安奈と治療者は，この問いに向き合う中で，自分たちの偶然の出会いやその後過ごした時間について何度も話し合った。それは，何かを分析して明らかにするといった営みではなく，ただ，二人の関係の発生からその時に至るまでの経過を振り返るといった作業だった。その中で安奈は，次第に，自分は無理をして人に合わせる必要はないし，何か特別なものを提供せずとも人と一緒にいてかまわないのだという感覚を育てていく。最終的に彼女は，安定したパートナーを見つけ，ともに暮らすようになって治療を終結する。

　終結間際になって安奈と治療者が話し合ったのは，第二次世界大戦中に満州で生まれた母親が，6歳になって終戦を迎え，親に連れられて命からがら本土に戻った体験を持っていることだった。やがて成長し結婚した母親は，安奈を出産する。このことについて話し合う中で安奈は，エネルギーに満ち溢れ，生きていることに自信があるように見えた母親も，実は，生きている意味を感じられない人なのではないかと思うようになる。安奈は，母親が自分を生んだことについて語らないのは，自分が生きていることに自信がないからではないかと考え，「母親にも，どこか暗い影があるのかもしれない。自分だけが暗い影を持っているわけではないかもしれない」と述べた。

彼女に欠けていたのは，母親と自分がどのようにして出会い（つまり妊娠し），どのようにしてともに時間を過ごしてきたのかを母親と共有する体験だった。おそらく，外傷によって自分の存在の意味を見出せなくなった母親は，妊娠から出産，育児のプロセスにまつわる情緒体験を子どもと共有することができなかった。それが得られなかった安奈は，自分を人間らしいと感じられず，人に囲まれて生きている存在だという実感を持つことができなかったのである。

　この症例を通して私たちが理解したのは，「人に囲まれて生きている人」という感覚は，臨床的な作業としては，自分が人とどのように出会い，そしてどのように関係を紡いできたのかという感覚を相手と共有するといったテーマにおいて生じるものだということだった。人間どうしの出会いに必然はない。お見合いでさえ，それは偶然の出会いである。恋人どうしは，折に触れ，自分たちがどのように偶然出会い，どのように関係を紡いできたのかをただ振り返り，それについて語りあう。それは，互いの親密性や愛情の実体を確認する作業を超えて，二人がその場において特別な運命を共にすることで感じる信頼と確信を紡ぐ作業である。Stolorow (2007) は，生きること自体が外傷的な世界に存在する人間が生きられるのは，誰もがいつかは死ぬという有限性を他者と共有できるからだと述べたが，私がここで述べているのは，人どうしが基本的に結びつきあうことの希少性や価値は，生まれる先や生まれ方を選べない中で誕生する偶然性にあるということである（Togashi, 2016; Chapter 9）。

　私が強調したいのは，精神分析臨床でも，私たちは患者とともにそのようなプロセスを積み重ねていることである。ときに両者は，意識してそのような作業をすることを求められるかもしれない。治療者は，転移や空想を分析し，関係の意味やそのパターンを理解しようとする。しかし治療者は，患者と自分が偶然に出会っただけだということに含まれる二者関係の希少性や特殊性の意味，自分たちが関係を積み重ねてきたプ

ロセスを共有することの重要性を忘れがちである。安奈は治療者に対して，「なんでわざわざ先生なのでしょうね」と幾度も問い続けた。治療者はそれを，彼女の転移や抵抗ととらえたが，彼女が求めていたのは，ただ治療者とその体験を共有することだった。私たちが普段，友人や同僚，恋人や配偶者，子どもや親と行っているその営みを，自分が分析関係の中でどれくらい行っているのかを考えることはとても重要である。

III. 人間であることの心理学とトラウマ

　ここまで，私と同僚がまとめた書籍の内容を概観してきた。上に述べた「人間であることの心理学」は，精神分析臨床においては具体的にどのような意味を持つのだろうか。私の考えでは，それがはっきりとした意味を持つのはトラウマの精神分析臨床においてである。トラウマの体験は，多かれ少なかれ，自分が人間であるという体験を奪う。たとえば，Kohut 本人も，ユダヤ人として迫害され「人間ではない」というラベルを張られ，晩年の 10 年間をリンパ腫との戦いの中で自分の身体が人間としての機能を失っていくことを経験した。

　私が別のところで論じた症例みゆきは，小さいころの火事がもとで，顔にケロイドを残しており，普通の人間としては生きられないと信じていた（Togashi, 2016）。人間性の喪失を体験した彼女は，私の考えでは，「トラウマという病理」を持った人ではない。そのトラウマは分析して理解したり，洞察したり，修正したりするようなものではない。彼女にとってトラウマは，人生の一部である。それを臨床的に扱うということは，彼女がその体験を抱えたまま，どのようにして自分を人間だと感じられるようになるのかを考えることである。そのためには，そのような体験があり得るということ自体が，きわめて人間的なものなのだということを二人が確信するしかない。そこで臨床家に求められるのは，人間として正直にそのトラウマに向き合うことである。この症例ではそれは，

顔にケロイドを負ったみゆきが「私は醜いでしょ」と言ったときに，私がそれを否定することも肯定することもできず，思わずただうなずくしかなかったという真剣なかかわりの場面に示されている。その部分を邦訳して引用してみよう。

> 「いや，あなたは醜くはないですよ」と言う台詞が頭に浮かんできた。しかし私はそれを言葉にしなかった。私はまた，「心配しなくてもいいですよ」とか「今その質問をした理由はなんですか」とか，あるいは，「確かに否認してはいけない問題です。でも，あなたはきれいだと思います」という言葉も頭に浮かべた。たくさんの返答が頭の中に浮かんでは消えたが，私はどれも言葉にしなかった。みゆきは私から見ると十分魅力的だった。しかし，傷が避けようもなく目に飛び込んでくるのも事実だった。私は彼女の目を見た。真剣な表情をしている彼女を見ていると，うわべの言葉でごまかすことはできなかった。この間，恐らく数秒の沈黙だっただろう。しかし私にはそれは，数分にも感じられた。そして私は，何も言わずにただ少しだけうなづいた。
>
> （Togashi, 2016, p.14-15）

この応答に対し，みゆきはその場では何も言わなかった。しかししばらく後に彼女が語ったことによれば，これは，彼女の中に世の中にはどうしようもないことがあるのだという体験と，人として正面から扱ってもらえたという感覚をもたらした。そして彼女は，そのような体験を踏まえ，自分は未来の人たちに何を伝え，何を残せるのかということを考えながら，専門的な職業に従事するようになった。

人として正直に患者のトラウマに向き合うとはどういうことだろうか。私の考えではそれは，治療者自身もまた，人間であり，トラウマから逃れられない存在であることを承認することである（富樫, 2016a;

Togashi & Kottler, 2018）。言い換えればそれは，治療者が，患者の訴えるトラウマを不条理な世の中のあり様そのものだととらえ，加害者としても被害者としてもそのトラウマを負ったのは自分だったかもしれないという可能性を認めることである。それを欠いた関係では，患者はただ病人や治療対象となり，人である治療者と繋がる人だという感覚を自分の中に育てることはできない。

　道義に反するかもしれない行動をしている患者が，自分も人としてこの世の中で生きていて良いのだと思うようになるのは，治療者は同じことをしていないが，一歩間違えれば同じことをしたかもしれないと感じるからである。子どもを愛せないことに苦しむ患者が，自分も人として人の中で生きているのだと思えるようになるのは，彼女の前の治療者が，自分は子どもを愛せたかもしれないが，場合によってはそれを体験していたのは自分の方かもしれず，そうした偶然がこの世の中なのだと感じる状況においてである。そのような体験を通し，患者と治療者は，相手の中に今自分が感じている何かを見出し，そして，相手との関係に何かを残そうと進み始める（富樫，2015）。

　しかし，治療者が，患者の訴えるトラウマを負ったのは自分の方だったかもしれないと認めるのは難しい。人が人として存在するという感覚の意味をトラウマと関連づけて考察する Stolorow（2007）によれば，実存的有限性の中で生きる人間は，そもそもトラウマ的な存在である。しかし，人がそれを認めるのは簡単なことではない。それを認めるということは，自分もまたその有限性の中で生きていることを認めることだからである。Brothers（2008）もまた，分析家を患者と同様にトラウマ化された存在だととらえるが，分析家は自分自身がトラウマ化された存在であることを認めようとしないと強調する。トラウマ化された人間は，不確かさの感覚に耐えられない。治療者は，自らの理解，解釈，介入を「正しい」と体験し，観察された現象を患者の原因か治療者の原因かの二分法で理解することで，自分は患者とは違いトラウマから離れた存在

だと信じようとする。

　Kohut が双子体験に見たのは，人間として生きる人間の姿である。しかしそこには，それに本質的に伴う苦悩が含まれている。それは私たちが，偶然や有限の世界に投げ出された非常に無力な存在だというところに生まれる苦悩である。残酷なことに，私たちの予測を超えて襲うトラウマ的な体験は，誰もが負う可能性を持っているもので，それを誰が負うことになるのかはただの偶然である。その中で患者は自分を人間として生きていないと体験する。そうした苦悩を持つ患者に向き合う治療者は，その患者の苦悩に自分を見出すことを求められる。それはつまり，患者の苦悩は自分が負っていたものかもしれないという可能性を認めることである。それは同時に，自分が患者と出会ったのはただの偶然であり，その先のことを予測できるわけではないということを認める作業でもある。それによって治療者は，はじめてその相手に真剣にかかわることができ，それからの時間を積み重ねていくことができる。

第6章　自己対象概念再考
——対象から他者へ

　倫理的転回は,「他者」の概念なしに論じることはできない。精神分析が長い間論じてきた「対象」は,抽象化されたものであって,人としての誰かとのかかわりではないからである。**倫理は対象との間には成立しない**。Kohut の自己心理学は,数十年の時を経てやがて倫理的転回へとつながるが,Kohut 理論はそこにどの程度他者の概念を含み,他者とのかかわりをどのようにとらえているのだろうか。

　自己心理学という精神分析体系は,「自己対象」という概念を中核に構成されたものである。この用語によって Kohut の精神分析は,一者心理学的自我心理学を超え,1980 年代の米国の「関係性への転回 (Relational Turn in Psychoanalysis)」を導く一つの道を作った(富樫, 2011a, 2011b, 2013b)。現代の自己心理学者たちは,この言葉にはすでに,関係精神分析や間主観性システム理論が取り組む主体と他者にまつわるパラダイム・シフトが内包されていると主張する (Fosshage, 2003; 丸田・森, 2003; 富樫, 2013a)。つまりこの概念は,これまで患者を「対象」としてのみ扱ってきた精神分析に,患者を他者として承認する作業を加えたのである。本章では,Kohut 理論に含まれる他者の概念を整理するために,自己心理学の中核的概念である自己対象を再検証し,Kohut の考えが現代の米国精神分析に与えた影響と臨床的意義を記述する。

　しかし,自己対象という用語が意味することは,それほど単純ではない。Kohut が本格的に自らの考えを発展させたのは,1959 から 1981 年

のおよそ20年間だが,その短い間でも彼は,鍵となる概念の定義や用法を何度も変えた。中でも「自己対象」は,その傾向が著しいものである。自己対象の意味が統一されたのは,Kohutの死後である。ポスト・コフートの理論家たちによってそれは,「自己体験にまつわる心理的機能」と統一された。Stolorow（1986）は,「自己対象という用語は環境の実在や世話をする主導者——つまり人を指しているのではない。むしろ自己体験の維持,修復,変形に関係するひとまとまりの心理的機能の種類を示している[3]」（p.389）と述べている。Wolf（1988）もまた,「自己対象とは機能なのであり,人ではないということを覚えてくことは重要である」（邦訳p.69）としたうえで,「自己対象とは自己でも対象でもなく,関係性によって生じる機能の**主観的な**側面なのである」（邦訳p.70,強調は原文）と定義している。

　自己対象の議論で重要なのは,それが自己愛の議論から発展したことである。精神分析において自己愛は,自他未分化な段階の病理とされる。Kohutはその議論の中で,二つの独自の考えを展開する。一つは,人が他人を自分の一部のように感じることは必ずしも病的なものではないとしたことである。それはKohutが,「私」という体験は,健康な状態でさえ,自己対象の機能を担ってくれると体験された相手との関係の中でしか得られないものだと考えたからである。もう一つは,他人を自分の一部のように感じる方法には,他者を別個の人間として体験するものから,他者をほとんど自分の一部として体験するものまで,いくつかの段階があるとしたことである。それらを臨床的に見ると,一番目の考え方は,治療者が「対象」と体験されることを意味する。二番目の考えは,治療者が「対象」ではない人,つまり「他者」として承認されることを

---

[3] Stolorow（1986）は同時に,「自己対象という用語は特定の機能を提供すると主観的に体験された対象で,それはつまり,その対象との特定のつながりが自己体験を維持したり,修復したり,確固としたものにしたりするのに必要だと体験される次元を意味する」（p.389）とも述べており,自己対象に関する「機能」と「対象」の位置づけは文脈によって変えられる傾向があった。

意味する。米国精神分析の関係性への転回の中心テーマの一つは，一方が他方の対象であることを受け入れながらどのように主体であり続けるのか，あるいは，他方は一方を対象として体験しながらどのように他者として承認するのか，といったものである。Kohut の自己対象の議論には，すでにこのテーマが含まれていた。Kohut は，いくつかの理論的修正ののち，最晩年になって，治療者が持つ心理的機能の効果に言及するようになる。

こうした議論を踏まえ，本章ではまず「自己対象」概念の歴史的変遷を概観する。そののち，「自己対象に含まれる対象」について概観し，ついで「自己対象に含まれる他者」を概観する。そして，主体としての治療者の心理的機能における自己対象について概観する。最後にこうした議論を総括しつつ，Kohut がもう少し生きていたらどのような理論を展開させたのかについて推論を試みる。

I.「自己対象」概念の歴史的変遷

「自己対象」はどのようにして生まれ，どのように理解されてきたのだろうか。「自己」と「他者」の問題を意識しつつ，まずはその歴史を振り返ってみよう。

1.「自己愛の諸形態とその変化」「自己愛パーソナリティの治療」

Kohut の精神分析的自己心理学は，自己愛性パーソナリティ障害の患者の治療から「自己愛」を理解しようとする試みから始まった（Kohut, 1966）。その最初の論文が「自己愛の諸形態とその変化」[4]（Kohut, 1966）である。自己愛性パーソナリティ障害の患者は，「自己を個人の限界をはるかに超えて広」（邦訳 p.123）げ，他人を自分の一部であるかのようにみなす。そして，他人が自分の望むような人でないと感じると，傷つき，怒り，心気症的な症状を発展させる。治療関係においても彼らは，

治療者は自分の望むような人であるべきだと考え、治療者を変えようとする。自己愛の患者というと、自分のことだけを考えている人のように誤解されるが、臨床状況においてみればむしろ、彼らは自分のことよりも治療者のことにとらわれてばかりいる。いわゆる観察自我と治療同盟を結ぶことが困難に見える彼らは、精神分析家からは、内的な問題に向き合うことができない人と見なされた。

　Kohut（1966）はこの現象を、発達経路に見られる自己愛的リビドー備給の二つの道という観点から説明する。それは、「自己愛的自己」への備給と「自我理想」への備給である。前者は野心や誇大性を活性化させ、後者は理想化ニードを活性化させる。前者の道が活性化された患者は、自己顕示性を高め、治療者が自分に関心を向け、自分を称賛するように求める。後者の道が活性化された患者は、治療者に対し、自分が理想化し得る存在であり続けるように求める。この論文におけるKohutの最大の貢献は、自己愛独自の発達経路を仮定したことである。彼は、自己愛はその発達の末に対象愛へと変わるのではなく、「大洋感情」や「ユーモア」「宇宙的自己愛」「共感」などのように、それそのものが健康な形に変容すると考えたのである。

　次にKohutは、自己愛性パーソナリティ障害の患者が持ち込む関係の分類と介入方法の考察へと歩を進める。その論文が、「The psychoanalytic treatment of narcissistic personality disorders: Outline of a systematic approach」（Kohut, 1968）である。Kohut（1968）は、この論文の中で初めて、「鏡映転移」と「理想化転移」という言葉を使う。前

4）Kohutは「自己愛の諸形態とその変化」（Kohut, 1966）以前には、オリジナルな考え方を示した本格的な精神分析の論文はほとんど書いていない。これ以前にKohutが精神分析の領域で出版した論文やエッセイは16本だが、本格的な論文はそのうちの6本である。しかも、そのうちの5本は、音楽や小説、作家などについて考察したものや、精神分析の教育課程について考察したもので、精神分析自体の考え方や理論についてのものではない。唯一のオリジナルな精神分析の論文が、「Introspection, empathy, and psychoanalysis: An examination of the relationship between mode of observation and theory」（1959）である（第7章参照）。前

者は，治療者に自分の存在や成果を承認してもらいたいというニードに基づく転移，後者は，治療者は理想化され得る対象であってほしいというニードに基づく転移である。Kohut 以前から，精神分析家たちは，自己愛性パーソナリティ障害の患者が展開させる特有の関係を「自己愛転移」と呼んでいたが，Kohut はこれを二つに分類したわけである。彼はこの時点では，このような「転移」を「転移様の治療的状態」(p.478)と呼び，伝統的な意味での転移から慎重に区別している。

2.『自己の分析』

Kohut が初めて「自己‐対象」という言葉を用いたのは，『自己の分析』(Kohut, 1971) においてである。これは「自己愛の諸形態とその変化」(Kohut, 1966) と「The psychoanalytic treatment of narcissistic personality disorders: Outline of a systematic approach」(Kohut, 1968) を中核として，加筆修正の上で編纂された書籍である。彼は，自己愛性パーソナリティ障害の「患者は，自己の領域と自己愛リビドーで備給された蒼古的対象（自己‐対象）の領域に特異な障害をもっている。この自己‐対象は，蒼古的自己とまだ深く結びついている（つまり対象が自己と分離，独立したものとして経験されていない）」（邦訳 p.3）と述べ，自己‐対象とは，自己と対象が分離せず，蒼古的な形で結びついたものであると明確に述べている。つまり彼は，その関係の中では，対象は自己の一部とされ，自分の体験の文脈とは異なる独自の体験を持つものとして扱われていないと主張したわけである。

前章で述べたように，Kohut（1971）が鏡映転移の代表例とする F 嬢は，延々と自分の話を続け，Kohut が口をはさむことを好まなかった。彼女は，自分の話から逸脱しない限り彼のコメントを受け入れたが，自分の話から逸脱した彼独自の見方には不快感と怒りで反応した。つまり彼女は，治療者が自分の体験と異なる文脈にあることを認めなかった。彼女は治療者が独自の体験を持つことを放棄し，自分が求める機能の範

囲の中だけで存在する対象であるように求めたのである。

理想化転移も同様である。G氏の事例（Kohut, 1971）では，彼の妄想的反応は，Kohutが休暇の予定を伝えたときの声色がきっかけだった。G氏は，Kohutが休み中にG氏から電話がかかってくるかもしれないと不安になっていることを察知したのである。Kohutの力強さによって自分を保っていた彼は，不安そうなKohutを見て自分を支えられなくなった。つまり彼は，Kohutの人としての独自の感情的体験を認識した途端，治療者は自分が求める機能の範囲の中で存在する対象ではないことを認識し，理想化体験を失ったのである。

重要なのは，この時点でKohutは「自己‐対象」という用語を生み出していたものの，まだ「自己‐対象転移」という言葉を用いていないことである。この時は，鏡映転移も理想化転移もまだ「自己愛転移」の下位カテゴリーだった。Kohutは自己愛転移の背景には「自分の体や心を自分でコントロールできると大人が体験するときと同じような自明的確かさ」（Kohut, 1971）で**分析家を所有する**空想があると述べている。つまり彼はまだ，患者が分析家を自分の一部であるかのように体験することを，治療的課題ととらえていたのである。

3.『自己の修復』

Kohutが「自己‐対象転移」という用語を初めて使ったのは，二冊目の書籍『自己の修復』（Kohut, 1977）の中である。1976年までの彼の論文はいずれも「自己愛転移」だったが，1977年を境に「自己愛」を「自己」，「自己愛転移」を「自己‐対象転移」と呼び換えた。この変化は何を意味しているのだろうか。Kohut（1977）はこう述べる。

自己愛パーソナリティ障害の本質的な精神病理は，自己が強固に確立されていないという事実，**その凝集性と強固さは自己‐対象の存在（自己‐対象転移の発展）に依存する**という事実，自己は自己‐

対象の喪失に対して単純な衰弱とかさまざまな退行とか断片化というかたちで反応するという事実によって規定される。

(邦訳 p.107, 強調は富樫による)

　Kohut はここで, 自己愛性パーソナリティ障害の「自他未分化」について, 大きな概念的転換を行った。彼は, 患者がそのような関係を求めること自体は, 病的ではないとしたのである。彼にとって, そのような対人関係, あるいは, 対象関係のあり方は, 人間の持っている当然の傾向だった。100 点を取った少年は母親が目を輝かせてその成果を認めてくれるから自分の価値が高まったように感じるし, 授業参観で後ろを振り返った少女は, 自分の母親がひときわきれいであることを発見したら, 自分までがきれいで立派な人間のように体験する。それは, とても自然なことで病気ではない。どちらの場合でも, そのような体験を維持することに失敗したならば, 自分がしぼんで小さくなってしまうように感じてしまうのは当たり前だ, というわけである。ここでようやく, Kohut が 1966 年の論文で主張していた「自己愛」独自の発達的変容の考え方が, 自己対象理論に統合されたと述べることができる。

　Kohut はここで, 病的な状態として二種類の形を想定している (図 1)。一つは, 自他未分化状態を失った場合である。このモデルでは自己は自他未分化状態によって支えられるので, それを失った自己は断片化する。もう一つは極端な方法で自他未分化状態を求める場合である。それは, 他者を自分の支配下に置き, 強制的に自他未分化状態に置こうとする場

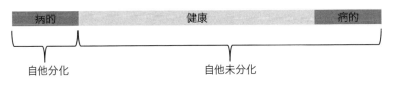

図 1 Kohut の自己対象モデルにおける健康の概念モデル

合である。自他未分化状態が問題なのではなく，その求め方の程度や求める質が問題というわけである[5]。

ここでKohut理論は，「自己‐対象転移」を中核概念とした「自己の心理学」となったのである。彼は自らの考え方を「自己の心理学（Psychology of the Self）」または「自己心理学（Self Psychology）」と呼び，自我心理学でも対象関係論でもない独自の精神分析理論としてとらえるようになった。しかし，この時点ではまだ，彼はこの重要な用語を「自己‐対象」と記述している。

4.「自己対象」の完成と『自己の治癒』

自己‐対象からハイフンが取れたのは1977年で（Strozier, 2001），現在，彼の著作物でそれを確認できるのは1978年のものである（Kohut, letter September 9, 1978; Kohut & Wolf, 1978）。彼は「自己‐対象転移」という新しい言葉を『自己の修復』でデビューさせた年に，すでに次の考えに向かっていた。Kohutは，ハイフンが取れたことについて，貴重なワインを開けて祝ったと伝えられている（Strozier, 2001）。彼がハイフンを取らざるを得なくなったのは，自己と自己対象との関係を表記するときに困ったからである。それまで，自己‐対象はself-objectと表記されていたので，これを関係として表記しようとすると，self-self-objectとなってしまう。そこでKohutはself-selfobjectと表記することで，これまで不明瞭だった概念をより明確にすることができたとその手紙の中で述べている（Kohut, 1978）。それ以降彼は，1981年に亡くなるまで，ハイフンなしの自己対象を使った。

Kohutは，自己‐対象からハイフンが取れたことをなぜそんなに喜んだのだろうか。それは，「自己対象」が正式に「自己」の属性になったからである。Kohutはそれをさらに明確にするために，最晩年の1980

---

[5] Kohutは，患者が治療者を自己愛的に操作することを善いことと考えたわけではない。彼が述べたのは，健康な場合でも人は自他未分化だということである。

年から 1981 年には「自己‐自己対象ユニット」や「自己‐自己対象関係」という言葉を使用するようになる。没後発表された『自己の治癒』（Kohut, 1984）では，自己体験はほとんど「自己‐自己対象」という用語の中や，それとの関連において記述されている。自己はもはや，それだけで体験されるものではなく，自己対象との関係またはユニットの中でのみ体験されるものとなった。「自己」それだけというものは存在せず，「自己」は常に「自己対象」との関係でしか取り扱われないことが明確になったのである。

II. 自己対象の中の対象

さて，「自己対象転移」という概念には，治療者が患者によって「対象」と体験される側面と，治療者が「他者」として承認される側面，そして「主体としての治療者の心理的機能」の側面がある。ここでは，「対象」の側面について概観してみよう。

Kohut は「自己対象（自己‐対象）」という用語を非常に曖昧に記述している。彼はときにそれを「対象」の意味で用い，ときに「機能」の意味で用いた。彼はそれを，実際の「人」の意味で用いるときさえあった。ただ，実際の「人」としての記述は，レトリックにおける彼の失敗である。精神分析はあくまで内的な力動的プロセスの理解によって臨床実践を行うもので，対人関係論を社会心理学だと明言する彼は，公式には自己対象を実際の「人」と位置づけたことはない。実際 Kohut は，自己対象を「自己の役に立つものとして用いられるか，自己の一部として体験される対象」（1971, xiv）で，体験された対象が内的な構造となったものだと述べている。1977 年にも彼は，「自己の一部（自己対象[6]）として体験される対象と，独立した主導性の中心として［私たちによ

---

6) 1977 年の原文は「自己‐対象」と記載されている。

って体験される〕対象（本当の対象）とを区別すべき」（Kohut, 1979, p.456 より引用）だと述べている。

　問題は「対象」と「機能」との関係である。「対象」とは「衝動が目標とするもの」（『精神分析事典』, 2002, p.314）のことである。現代的に言えばそれは，衝動だけではなく，「欲望や願望，ニード，不安，恐れ，予測，機能などの受け皿」あるいは，「誰かによってその人の心の中に欲望の目標として所有される誰か」と記述できるだろう。したがって「対象」が治療関係に現れるとき，治療者は「欲望や願望，ニード，不安，恐れ，予測，機能を実現してくれると体験される人」になる。治療者が素敵な人に見えたり，冷たい人に見えたりするとき，それは理論上，生身の治療者ではない。治療者は実際の人ではなく，患者の恋愛願望や見捨てられる予測を引き受けさせられている立場にある。自己対象に関していえばそれは，治療者が，患者の「自己」を融和的で強固にする「機能（自己対象）」を提供する「対象」だと体験されている状態である。その部分の治療者は，患者の自己体験の属性（一部）だと体験されているという点で，それまでの精神分析がとらえてきた「対象」とは一線を画している。

　Kohut は「自己対象の中の対象」の議論を進める中で，「変容性内在化」（Kohut, 1971）の概念を持ち出す。そこでは，患者によって対象として体験された治療者は，やがて転移の中で解消される運命にあると想定されている。それは，Freud（1917）の「喪とメランコリー」以来の「対象」の考え方をそのまま用いたものだが，現代の自己心理学者にはとても評判が悪い。これは，本章の議論の中心である「自己対象の中の対象と他者」にかかわる重要なテーマなので，簡単に触れておきたい。

　「変容性内在化」の評判が悪い理由は，それが Kohut 理論に含まれる基本的矛盾を代表しているからである。矛盾には二つある。まず，この概念は「自己対象」の概念と本質的に矛盾している。変容性内在化とは，「対象を放棄することができるようになり，被分析者の心的機構は，以

前なら対象によってなされていた機能のいくらかを，自分で遂行する能力を獲得する」(Kohut, 1971, 邦訳 p.92) ことである。つまりそれは，対象の機能が患者に取り入れられ，患者の一部になるという考えを含んだ概念である。Kohut は，変容性内在化の結果，患者は治療者を対象として体験しなくなるというプロセスを描いた。彼はそれを「被分析者の自己が強固なものとなり，自己 - 対象の喪失に対して断片化とか重い衰弱とか制御できない憤怒というかたちで反応しなくなったとき，自己愛パーソナリティ障害の分析は終結期に達した」(1977，邦訳 p.107) と表現する。しかし，Kohut の「自己対象」モデルは，人は他者を自分の自己の属性として体験し続けるというものである。それが内在化によってなくなるという考え方は，これとの整合性を欠く。

　もう一つの矛盾は，この概念が「至適な欲求不満」という考え方によって成り立っていることである。「至適な欲求不満」とは，自己対象機能の内在化が促進されるのは，治療者が患者によって自己対象機能を提供する対象として体験されないことに，外傷的でない程度の幻滅を感じるからだという考え方である。それによって，自己は融和的で強固なものになる。しかし，彼のモデルでは，自己は，自己対象との関係，または自己 - 自己対象ユニットの中で融和的で強固に体験される。「至適な欲求不満」とは，対象を引き受けることに失敗することが自己体験を促進するというモデルであるため，ここにもまた理論的不整合が見られる。

　しかし，変容性内在化という考えが，Kohut 理論の矛盾を代表するものになったということそのものが，Kohut 理論の独自性を示している。Kohut の自己対象は，自己対象機能を提供すると体験される対象が，解釈されて解消されることを前提としていないことが明確になったからである。治療者は終始，ある程度患者が願う機能を引き受ける対象として体験されることを受け入れなければならない。臨床的に言えば，この考えにおいて治療者が注目すべきなのは，治療者が自己対象機能を引き受けることに失敗した場面である。そこでの解釈は，「自分がどのような

点でそのような機能を引き受けていると体験されなかったのか」に焦点づけたものとなる。

III.「自己対象」の中の他者

次に,「自己対象」の概念に含まれる「他者」について考えてみよう。Kohutの独自性は, 自他未分化状態が自己体験の前提であることを示したことだけではない。彼は「自他の分化」の程度に関する考えを示すことで, 治療者には患者の自己の属性として体験されていない部分もあると主張する。Kohut (1977) は, 他人を自分の一部であるかのように感じること自体は病的ではないとした。しかし彼は, その求め方や求める質を問題とした。その「質」とは対象と他者の割合である。

Kohutの自己対象理論は, 従来の精神分析の対象や転移の議論と異なって, 自己対象に自己と対象の分化の程度に基づいた関係の水準を想定している。「自己愛の諸形態とその変化」(Kohut, 1966) では, Kohutはまだ, 健康・不健康にかかわらず, 自己愛を自己と対象の融合的関係と述べていた。しかし『自己の分析』(Kohut, 1971) になると彼は, 自己愛転移であっても, 自己と対象が必ずしも融合しているわけではないと主張するようになる。彼がそれを明確に主張しているのは鏡映転移の三つの下位分類の部分である。三つの分類とは,「狭義の鏡映転移」「双子

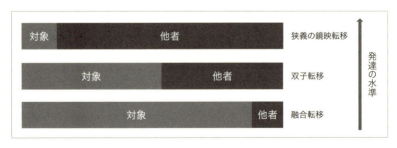

図2 自他の分化の程度に基づいたKohutの鏡映転移の下位段階のモデル図

第6章 自己対象概念再考——対象から他者へ

（もう一人の自分）転移」，そして「融合転移」である（図2）。

狭義の鏡映転移は「誇大自己の治療的動員の最も成熟したかたちで……分析者は極めて明確に別個の人間として体験され」（邦訳 p.104）ている。鏡映転移の下位分類としての双子転移は「対象との一次的同一化ではなく対象との類似性（相似性）が確立されるところの」もので，「融合転移がその起源とする時期よりももっと成熟した発達段階に対応してい」（邦訳 p.111）る。融合転移は「分析者は被分析者の誇大自己の延長として体験され……分析者に対する関係は一種の（一次的）同一化で……分析者は自己の一部として体験される」（邦訳 p.103）と記述される。

この鏡映転移の三つの下位分類は，自己と対象の分化の程度を水準としている。その最も健康な形では，「分析者は極めて明確に別個の人間として体験され」ているとされる。先に述べたように，対象とは患者の願望や求める機能を引き受けてくれると体験された人である。「対象」の用語はその定義の中に「別個の人間として体験されていない人」の意味を含む。Kohutはこの理論的展開によって，治療者は患者によってある部分で対象として体験されつつ，ある部分で対象として体験されていないという独自の考え方を示した。つまり「自己対象」という体験は，この二つのバランスによって成り立つもので，自己対象機能を引き受ける対象としての治療者との関係の中だけに成り立つものではない。Kohutは対象として体験されている治療者は，転移解釈を通してなくなるものではないとした。同様に治療者が対象として体験されていない部分もまた，患者によって当初から承認されており，それもまた転移解釈によって変わるものではない。

では，自己対象機能を引き受けていると体験されていない部分，つまり対象として体験されていない部分とは何だろうか。Kohutはこれに対して明確な答えを示していない。しかし，それが患者の自己の属性から切り離された治療者の部分だとするならば，それは，**患者によって承認**

された他者の部分だということができる。健康な関係になればなるほど，患者は治療者の中に対象の部分を体験するとともに，他者の部分を承認している，というわけである。

　伝統的精神分析の場合，概念水準において，発達は自己愛から対象愛への移行と描かれる。言い換えればそれは，自他が分化していない状態から，自他が分化し，リビドーが対象へ備給される状態になることである。それでも対象は永遠に対象であり，背後に他者の影はちらつくものの，その実態としての他者には永遠にたどり着くことができない（図3）。

　Kohut（1977）はやがて自己 - 対象転移という言葉を用いるようになる。彼にとって自己 - 対象転移は，このプロセス全体である。その中で患者は，自分が求める心理的機能を実現してくれると体験された治療者とつながりつつ，同時に，自分の体験やニードとは関係のない文脈に存在する治療者を承認するという作業をする。これがKohutの考える最も安定した自己体験である。こうした考え方は，Benjamin（1990, 2004, 2010）の間主観性理論に含まれる相互承認モデルと非常に近い。

　こうしたKohutの考えを具体的に記述したのがTønnesvang（2002）である。彼女は，自己 - 自己対象関係を他者性の文脈の中で論じた。彼女は，最も健康な自己において形成された自己対象関係を自己主体関係（selfsubject relationship）と名づけ，それを「主体性や知覚の独立した

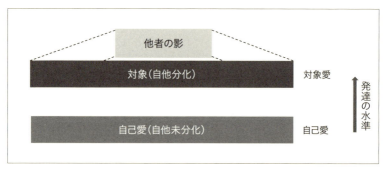

図3　伝統的精神分析の自他未分化モデル

中心として他者を体験することを伴い，自己を支える他者の成熟したシンメトリックな体験を意味する」(p.158) と述べる。彼女は，Kohutの自己‐自己対象モデルにおいて，発達的に最も高次の状態では，治療者は主体性の中心を持つ他者として見なされ，自己対象関係には対象としての治療者を体験するプロセスとともに，他者としての治療者を承認するプロセスが含まれると主張する。

このモデルから導かれる治療関係では，治療者は，患者が自分を対象として体験することを受け入れるとともに，患者が自分の主体性を承認する作業をしていることも認識する必要がある。臨床的に言えば，この考えにおける治療者の注目点は，患者が治療者を他者として承認する場面である。そこでの治療者の解釈は「あなたは，私が必ずしもあなたの求めることを実現していないと体験したとしても，私の中にあなたの自己を支える機能を見出すことができる」といったことに焦点づけたものになる。

IV.「自己‐自己対象ユニット」から展開する主体としての治療者

Kohutの議論は対象としての治療者，他者としての治療者の議論では終わらなかった。彼は晩年に向かって，より具体的な「人」「他者」との関係へと議論を進めていく。Kohutは晩年になって，それまで否定していたことを自ら認めた。それは，彼の理論はAlexander & French (1946) の「修正感情体験」と同じではないかという批判にまつわるものである。彼はその批判に対し，1971年の時点では明確にそれを否定していた。そこには当時の精神分析における政治的バランスもあったのだろう。いずれにしても，主たるポイントは，当時のKohutにとって，精神分析が記述すべきなのは患者の内的体験における力動であって，治療者個人の心理的機能ではないという点にあった。しかし彼は，1984年になると，自分を批判する人たちが，「私が『修正感情体験』の

治癒的効果を信じている，しかもそのような体験を分析と同一視していることを表明したのだ，と今私に向かって嬉々としていったとするならば，私は『その通りです』と答えるのみだろう」（邦訳 p.115）と述べる。彼はここで，患者によって体験される対象としての治療者や，患者によって承認される他者としての治療者を飛び出して，患者に自らの心理的機能を提供する主体として治療者を描くようになったのである。Kohut（1980c）は以下のように述べる。

> 自己心理学の見解では，人間はその誕生から死にいたるまで自己対象という母体のなかで生きている。人間は，心理的生存 psychological survival のためには自己対象を必要とするが，それは，一生を通じて生物学的に生存するためにはその環境にある酸素が必要であるのとまったく同じである。たしかに，個人は未解決の葛藤に由来する不安や罪悪感にさらされるし，また自分の目標を達成したり，理想どおりに生きたりすることに失敗したことが分かった時には，自己評価の低下という苦悩にさらされもする。しかし個人が，（過去の自己対象との体験にもとづく，自己対象からのとだえることない関心に対する信頼を通じて，あるいはまた自己対象からの直接的応答によって）自己対象に囲まれていると感じたり，それらの存在に支えられていると感じたりすることができるかぎり，たとえ葛藤や失敗，敗北といったことが起こってその個人を深い苦悩に陥らせたとしても，自己を破壊することはないであろう。自己心理学は人間の発達の本質を，依存から独立に向かう動きとも，融合状態から自律に向かう動きとも，ましてや自己のない状態から自己の形成に向かう動き move from no-self to self とも考えていない。私たちは，幼児期や成人期，さらに死に直面する時期にみられる人間のさまざまな不安や抑うつを軽視しているわけではない。また，人間のどん欲さや欲望，あるいは破壊的怒りを決して無視しているわけ

でもない。しかしながら，私たちはそれらを一時的な所与 primary givens としてではなく，自己 - 自己対象という単位 self-selfobject unit における障害によって生じる二次的な現象としてみているのである。

(Kohut, 1980c, 邦訳 p.232)

　この文章は自己 - 自己対象という単位，つまり「自己 - 自己対象ユニット」について述べたものだが，よく読むと，ここで重要な論理の転換が行われていることがわかる。ここで Kohut は，自己対象を酸素に例えているのである。つまり，彼が自己対象を，他者や社会環境が提供する具体的な何かだと考えていたことがわかる。「酸素」は，主観的に体験されるものではないからである。さらに彼はこの中で，「自己対象に囲まれている」「自己対象がいる」「自己対象が変わらぬ関心を向けてくれる」など，自己対象という用語をより具体的な人間存在と結びつけている。Kohut はその概念構成において，自己対象を明確に他者の機能と位置づけることはなかった。しかしこれらの記述は，いくつかの点で彼の自己対象の考え方には，「他者の機能」が含まれていたことを示している。実際彼は，自己対象体験の相互性と永続性について言及し，健康な夫婦は互いに自己対象として機能すること，人が自己 - 自己対象関係を生涯必要とすることについて述べている（Kohut, 1984）。

　前章で触れたように，私は，同僚とともに双子転移を探求する中で，その定義の強調点が「本質的類似性の感覚」から「人に囲まれて生きている人の体験」へと移動したことの意味について論じた（Togashi & Kottler, 2015）。「本質的類似性の感覚」は，他者が自分と似ていると体験されたということである。つまりそれは，対象に対する体験について述べたものである。しかし「人に囲まれて生きている人の体験」は，自分はこの世で人として生きているが，それは実際の人々に囲まれて生きているからだ，という感覚である。自分も周りの人も人であり，その人

たちも人として自分にかかわっているという体験は，自分の主体を承認するとともに，他者もまた自分と同じように主体を持った全人的人であることを承認しなければ成立しない（Togashi, 2009, 2015a）。

こうした点から考えても，Kohutの自己対象は，晩年には「他者の機能」という意味を含んでおり，Kohutがもう少し長く生きたならば，「自己対象」モデルを越え「自己他者」モデルへと大きく舵を切っていた可能性もあったと考えられる。実際Kohutは，「われわれの自己を支える他者（another person）の機能に関係して，われわれが他者（another person）についてする体験の次元という・一・般・的・な意味で使う場合の自己対象と，自己対象の発達の早期の段階に関して・特・定・の・意味で使う場合のそれ――この意味では常に蒼古的な自己対象とよばれるべきである」（Kohut, 1984, 邦訳 p.73, 傍点は原文，英文追記は富樫）を区別する必要性を強調しているが，彼はそこで，自己対象が「自分とは別の人の機能」であることを明確にしている。

共感に関するKohutの理論的変化もまた，私の理解の妥当性を支持している。共感は，精神分析家としてのKohutの最初期の論文で論じられ（Kohut, 1959），彼が生涯を通じて取り組んだ概念である。彼の最後の講演と論文も共感についてのものである（Kohut, 1981a, 1981b, 1984）。彼は1957年から1981年までの間に，さまざまな言葉で共感を定義しているが，その強調点は1959年の論文と1981年（1982発表）の論文とで大きく異なっている。たとえば彼は当初，共感は「データ収集の道具」（1959）だと強調していたが，やがてそれを「人どうしの心の反響」（Kohut, 1979），「心理的な栄養」（Kohut, 1984），「人が人らしく生きる環境を作るもの」（Kohut, 1981a, 1981b）などと定義し，さらには，共感が心理的治癒をもたらす可能性にも触れている（Kohut, 1981b, 1984）。共感は自己対象体験そのものではないが，それを通して「自己‐自己対象ユニット」が維持される，というのが彼の主張である。このような共感の強調点の変化は，彼の考えが「自己対象」を他者の機能と

第6章 自己対象概念再考——対象から他者へ　103

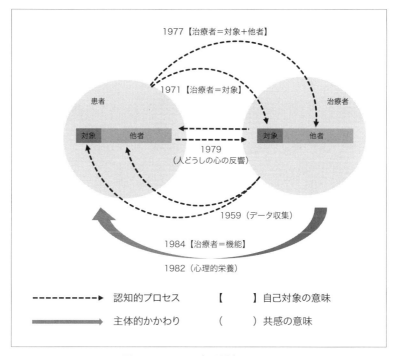

図4 Kohutの自己対象モデル

考えたからこそ生じたものである。

　ここまで述べてきたKohut理論の変遷を二者関係プロセスモデルの上においてみると図4のようになる。点線矢印は，一方が他方に対して行う無意識的・非意識的な認知プロセスで，それは相手を承認するプロセスと深く関係している。実線の矢印は一方が他方に対して行う関与全体を示すもので，点線の認知的プロセスそれぞれを含んで行われる働きかけである。私は以前，Kohut理論は一方向二者心理学だと論じたことがある（富樫，2011b）。こうした理論的変遷をモデル化してもわかるように，患者から治療者への主体的関与は，彼の理論には含まれていない。

V. 自己心理学はどこへ向かったか

　以上概観したように，Kohut の自己対象理論には三種類の治療者があり，時間とともに強調される点が変わってきた。まず Kohut は，自己対象ニードを叶えてくれると体験された対象としての治療者（1971）に言及した。そして彼は，自己対象とは，対象として体験された治療者と，患者の体験とは異なる文脈にあると承認された他者としての治療者の双方を含んだ体験であると述べた（Kohut, 1977）。最終的に彼は，自らが主体的に患者を体験する方法によって自己対象機能を提供する治療者にも触れている（Kohut, 1984）。最初の二つが患者の治療者に対する認知様式であるのに対し，第三のものは治療者が患者にかかわる様式である。第三のものがどんな認知様式に基づいて生まれるのかについては，1959年の共感のモデルによって説明される。治療者は患者の体験を自らの主観的体験を通してとらえようと試み，それがフィードバックされるプロセスを通して患者を体験する。その体験に基づいて第三のかかわりの様式が組織されると考えられる。

　ではここで，Kohut がもう少し長生きしていたらその考えがどこに向かったのかについての推論を試みてみよう。特に，理論的展開と臨床的展開の二つの軸から見てみたい。

1. 理論的展開

　Kohut がその理論的な旅の末に行きついたのは，治療者が「主体的に患者を体験する方法によって自己対象機能を提供する」プロセスである。それは，治療者が主体的に，患者が治療者に求めるものを測定し，それを自分の体験の文脈に組み込むことで必要なかかわりの表出を可能にすることである。そのプロセスがなければ，治療者が自然な形で自己対象機能を提供する役割を担うことは難しい。したがって，彼のモデルは最

終的に，治療者が自分の体験の一部分において患者の体験をとらえ，そのフィードバックを受けて自分の体験の一部を組み替えるといったものである。晩年に自己対象の相互性に言及していた彼は，そのプロセスを相互的なものと考えるのにそれほど時間を要しなかっただろう。自らの体験の一部を相手の体験の一部に対してオープンに組み替えられるようにし，相手もまたそのようにすることで関係が展開するというモデルは，Stolorowらの間主観性モデルの中核的要素である。Kohutの理論は，その必然的帰結としてやがてStolorowらの間主観性モデルにたどり着いたはずである，というポスト・コフートの理論家の見解（丸田・森，2003）が妥当なものであることがわかる。

しかし，Kohutのモデルには，患者の体験の文脈にない他者としての治療者の承認も含まれている。共感も，異なる心を持つ二人が出会い，その体験世界をとらえるためのデータ収集のツールである。彼はそれを通して，一方が一方の体験世界を測定するプロセスを考えたが，「相手を正確に理解する」のでも「相手に合わせる」のでもないその考え方は，異なる主観(体)性に対して異なる主観(体)性が折り合いをつけようとするプロセスである。実際Kohut (1980c) は，以下のように述べて，子どもは養育者と同様に，主体的に養育者にかかわる存在であることを強調している。

> Marian Tolpinが彼女の議論の中でユーモラスに述べたように，"Kohutの赤ん坊"は依存的であったり，しがみついたり，弱かったりするようなことはけっしてなく，独立していて自己主張的で強いのである。つまり，赤ん坊は，共感的に応答する自己対象との触れ合いによって供給される心理的酸素を吸い込むかぎり，心理的にそれ自体でまとまったものとしてあり，この点に関しては，成人が共感的な応答を感じとっているかぎりにおいて，まとまりのある独立した強い成人であるのと何ら異なってはいないのである。
>
> (Kohut, 1980c, 邦訳 p.235)

このように考えると，Kohut が長生きしたとしても，その理論が完全に Stolorow らの間主観性モデルと同じになったとは言えないかもしれない。むしろそれは，相互に他者性を承認することの治療的・発達的意義を強調するものになっていたかもしれない。つまり，Benjamin の間主観性理論である相互承認論の一部を取り込んだモデルになっていた可能性があったということである。

治療的な出会いの中で，患者と治療者が心や主体性をオープンにし，時には自らそれをある程度修正しつつ相手の主体性との調整を行うプロセスは，Kohut（1979, 1982）によって共感と呼ばれている。いわば彼のモデルでは，共感は一種のサードネス（Benjamin, 2004, 2018）である。もしかしたら彼は，精神分析の第三のプロセスとしての共感の意味について深く論じていたかもしれない。

2. 臨床的展開

Kohut がもう少し長生きしたら，彼の臨床理論はどのように展開しただろうか。晩年に他者の機能としての自己対象の考えにたどり着いていた彼は，治療者の正直な言動に含まれる心理的機能についての考察を進めた可能性がある。解釈の内容よりも治療者の態度や心の在りようが持つ治療的意味についての考察である。

それは，現在の間主観性システム理論や関係精神分析が強調する authenticity や自己開示の問題である。つまりそれは，治療者が患者を体験する方法を積極的に示すことが治療的展開をもたらすという議論である。しかしそれは，関係精神分析が主張するように，患者との間に差異として浮かび上がる主体性を相手に提示するような自己開示にはならなかっただろう。Kohut は治療関係を結びつけるのはあくまでも共感だと考えていた。そこで示されるのはあくまでも，患者の体験を自分の体験に照らし合わせたところに浮かび上がる体験の自己開示であって，患

者の体験と自分の体験との決定的な違いから生じる治療者の体験の自己開示ではない。それはある意味で，治療者による患者への自己対象体験の自己開示である。もしかしたらKohutは，治療者が先に患者に対する自己対象体験を開示する形式の自己開示モデルを展開したかもしれない。

そういった発想は，ポスト・コフートの自己心理学者に受け継がれている。Livingston（2000）は，治療者が患者の鏡映ニードの対象となる従来型の「鏡映転移（mirror transference）」に対し，治療者が積極的に鏡映機能を果たそうとする「鏡映する転移（mirroring transference）」という考え方を提唱した。私は双子転移の研究において，患者が治療者を本質的に似ていると体験するより前に，治療者が患者を本質的に似ていると体験するような自己対象関係について論じた（Togashi, 2009）。これ自体は，積極的に自己開示をすることの意義を論じたものではないが，治療者が主体的に患者に対して感じる自己対象体験をとらえることの必要性を論じたものである。Kohutにもう少し時間があれば，こうした考えにたどり着いていたかもしれない。そして，そこでは，治療者がどの程度どのような言葉を通してそれをするのかがテーマとなっていたはずである。

このようなテーマは，現代の精神分析において「服従」と「サレンダー」の問題として論じられている（Ghent, 1990）。それは，治療者が患者のニードに対してどの程度自分を修正し，どの程度それに身を委ねるのかという問題である。相手のニードに対して自分の主体性を殺して身を委ねるのであれば，それは服従である。相手のニードに対して自らの主体性を修正しつつも，それを維持して身を委ねるのはサレンダーである。Kohutはおそらく，治療者が共感を通して患者のニードを測定し，その体験をもとに自らの主観性をある程度修正しつつ，言葉を発するプロセスを論じただろう。それは，サレンダーの議論へとつながったに違いない。

第7章　共感と解釈

「共感」と「解釈」は，精神分析的自己心理学の創始者であるKohutが，臨床家・理論家として当初からテーマに掲げ，生涯を通じて探求した概念である。私が以前詳しく論じたように（富樫, 2013b；ストロジャー・富樫, 2013），この二つのテーマは，Kohut理論を二者心理学へと動かし，やがては関係性への転回（Relational Turn）のムーヴメントを生み出すことになった水源である。本章では，そうした背景を踏まえつつ，「関係性への転回」によって現代自己心理学者・間主観性システム理論家たちが描いた共感と解釈の輪郭を概観し，その上で，「倫理的転回」の視座からこの概念を論じたい。

I. 共感について

1. Kohutの共感[7]

Heinz Kohutは，精神分析に関する最初の本格的な論文「内省，共感，精神分析：観察の様相と理論との関係の検証」（Kohut, 1959）の中で共感を論じてから，生涯を通じてこのテーマに取り組んだ。彼の最後の講演と論文も共感に関するものである（Kohut, 1981a, 1981b, 1982, 1984）。彼はその中で，さまざまな言葉で共感を定義している（富樫, 2013b）。

Kohut（1959）の最初の論文が目的としたのは，「精神分析」を定義

---

[7] 本節における共感の議論は，富樫（2013b）の内容を要約したものである。

することだった。彼が共感の重要性を認識するようになったのは，その作業の中においてである。彼が考えたのはこうである。――精神分析家が観察しているものはなんだろうか。それは，患者の主観性である。しかしそれは，外から観察できる実体ではない。では精神分析家は，どのようにその主観性を観察しているのだろうか。実体ではない患者の主観性を観察しようとするとき，それを行うことができるのは唯一，分析家自身の主観性を通してである。そのとき，分析家が患者の主観性を観察する際に用いる道具を「共感」と呼ぼう――と。

 つまり Kohut は，共感とは分析家がデータを収集するための道具であり，その道具は，他者の主観性を知るという，人にもともと備わっている高度な認知プロセスだと考えた。言い換えれば，地勢学者が地理的な空間のあり様をとらえるために，視覚的認知能力や測定された数値の理解能力という，訓練された，しかし，もともと人間に備わっている能力を用いているのと同様に，精神分析家は，訓練された，しかし，もともと人間に備わっているある種の能力を用いる。それが「共感」だというわけである。

 この論文で Kohut は，共感という概念の中核を，他者への温かな態度とか，患者を許す優しさだとしたわけではない。彼はもっと冷静に，科学的ないしは哲学的に，私たちの仕事を定義しようとしたのである。実際彼は，セールスマンが人の心を動かしてものを買わせる例を挙げ，共感は必ずしも温かなものではなく，相手の弱みに付け入るために用いられる場合もあると強調している。温かさは，共感の問題ではなく人の態度の問題だというわけである。そして彼は，患者の主観性が共感を通してのみ観察されるものならば，観察された内容は，必ず分析家自身の主観性を含んでいると強調する。彼にとって，共感は「試行錯誤のプロセス」（Kohut, 1981b）である。観察された患者の主観性が治療者の主観性を含んでいるならば，描写された主観性が妥当なものかどうかは，患者とともに検証しなければわからないからである。

Kohut は，最晩年になって，共感を「人どうしの心の反響」(Kohut, 1979)，「心理的な栄養」(Kohut, 1984)，「人が人らしく生きる環境を作るもの」(Kohut, 1981a, 1981b) などと定義し，共感が心理的治癒をもたらす可能性にも言及する (Kohut, 1981b, 1984)。このときまでに彼は，心の健康・不健康は，他者がその人を体験する様式によって決定されるという考え方を明確にしていく。人は他者と相互に結びついている限り健康でいられるが，それが断絶したと体験されたときに病的になるというわけである。その概念的枠組みの中でKohutは，他者どうしを結び付けるものもまた，共感だと考えた。

2. ポスト・コフートの共感

Kohutの死後，周辺の理論家たちは，間主観性システム理論や関係精神分析の理論家たちとの対話と議論を通じて，自分たちの理論をより双方向的なモデルへと書き換えていく。それは共感についても同様だった。彼らは，治療者が患者の主観性を観察することだけでなく，患者が治療者の主観性を観察することにも注目した。共感は，分析的二者関係の中で，双方向的に，互いに影響を与え合うような心理的プロセスとされた。

Sucharov (1996, 2002) は，共感を明確に双方向的なものととらえる精神分析家である。Sucharov (1996) は「他者を理解することと他者によって理解されることは，瞬間瞬間の中で相互的に調整される分割できないプロセス」(p.1) であると述べる。そして彼は，「共感的スタンス」という言葉に代えて「共感的ダンス」という言葉を用いることを提唱した。Preston & Shumsky (2002) は，双方向モデルから共感をとらえなおし，二者関係における共感のプロセスについて検討している。そこでは，「共感的理解は意味形成の折衝」と再定義され，分析関係を形成する二人の人間は「異なった情緒的組み立てと体験をオーガナイズする異なった方法を持っているにも関わらず，互いに結びつこうとする繰り返しの努力においてかかわりあっている」(p.57) と強調された。

Lachmann（2008）は，乳児研究に基づく二者関係の動的システムモデル（Beebe & Lachmann, 2002）をもとに，共感を相互交流システムの相互調制プロセスとしてとらえなおしている。

ポスト・コフートの自己心理学者たちは，こうしたモデルの中で，共感を「一人の人が他者の体験に自分自身を埋め込んでいると見るのではなく，二人の人間が出会いの場所を折衝するように努力している」（Preston & Shumsky, 2002, p.57）プロセスに読み替えたのである。共感は，二者が相手の主体性を承認しつつ，関係に折り合いをつけていくような双方向的プロセスと描き直されたわけである。

しかし，これらのモデルは，共感のプロセスがどのように進むのかを理論化したものである。この中では，治療者がどのように患者に向き合うべきなのかという点については十分述べられていない。これは非常に不思議なこととしいえる。共感はもともと，治療者がどのように患者にかかわるべきなのか，という問いから始まっているからである。治療者は，患者の体験を観察し，それを記述し，患者とそれを話し合おうとするとき，患者に対して何に注意して向き合うべきなのだろうか。

II. 解釈について

1. Kohutの解釈

Freudは，『夢解釈』において精神分析を定義している（Freud, 1900–01）。彼はそこで，夢の顕在内容を潜在内容に翻訳することを「解釈」と呼び，そのような作業をすることを精神分析と定義した。やがて「転移」を発見した彼は，それが否定的で敵対的な感情を伴うようになった場合に，それを解消する方略としてその抵抗の原因を知的に説明することを求めた。彼はそれを解釈と呼び，転移抵抗の分析を精神分析技法の中核と位置づけた（Freud, 1912, 1914, 1916）。

Kohutもまた，言語的説明を重要視している。特に1977年までは，

彼にとって，精神分析的治療プロセスの仕上げは解釈と変容性内在化であった（Kohut, 1977; Kohut & Wolf, 1978）。しかし，彼の解釈について考え方は，Freud とは大きく異なっていた。それがどのようなものなのか，彼が考える自己愛性パーソナリティ障害の治療機序から見てみよう。

精神分析療法の治療構造に導入された患者は，やがて自己対象転移（Kohut, 1977, 1984）を発展させる。それは，理想化，鏡映，双子といった種類に分類されるもので，患者が治療者を体験する様式によって患者の自己が安定するという転移である。理想化は，治療者が安定的で自らを強く支えてくれるような対象であるという体験，鏡映は，治療者が自分の存在価値を承認してくれるという体験，双子は，治療者は自分と本質的に似ているという体験である。こういった体験が得られている限り，患者の自己は安定し融和的である。しかし，こういった転移は長続きしない。それは，治療者が完全ではないからである。患者からみて治療者が十分にそのような対象ではないと体験されたとき，患者の自己は断片化し，自己感覚の希薄さや心気症，怒りなどが現れる。Kohut は，そこで解釈することを勧める（Kohut, 1968, 1971, 1977）。

たとえば，最近疲れていた治療者が，患者の話を十分に覚えていなかったとしよう。患者はそれを認識し，自分は大切にされていないと感じる。患者は確かにそのようなことに敏感である。幼少期から自分だけ家族の一員ではないように扱われ，自分の存在の意味を承認してもらうことを切望していた患者は，治療者のちょっとした覚醒水準の低下も気になった。Kohut は，そのような場面で「あなたの中にいた自分を認めてくれないお父さんが出てきたのですね」という解釈を勧めない。彼は，「私はあなたからすると，十分にあなたを大切にしない人でした。そういうことに敏感なあなたですから，私があなたの話を覚えていなかったことがそのように体験されたとしても驚くに値しません」という形の解釈を勧める。それはいわば，患者についての解釈ではなく，治療者の失敗についての解釈である（Kohut & Wolf, 1978）。

この治療的手続きは基本的に伝統的自我心理学と違ったものではない。治療者が解釈をする瞬間は，自我心理学の言葉でいえば，患者が治療者に否定的な転移を強めたときだからである。ただKohutは，その際に患者の中の病因を解釈することを勧めない。また彼は，顕在内容と潜在内容をあまり区別しない。「患者が先生は私のことを認めていない」と述べたとしたら，彼は「確かに私の態度がそうだったんでしょう」と解釈することを勧める。

　私は，精神分析の治療技法論にKohutが果たした貢献の一つは，「治療者は患者の話をそのまま聞け」と強調したことだと考えている。彼のスーパーヴィジョンを受けていたMillerによれば，Kohutは常々「分析家はすぐに隠された意味を探そうとして，単純で最も明らかな意味を無視してしまう傾向があるが，それは間違いである……分析家は分析の素材を，まずは『ストレートに』とらえるべきである」（Miller, 1985より引用，p.15）と述べていた。これは当時の自我心理学からすれば，精神分析の基本原則から大きく外れた考え方である。精神分析は，患者の話には必ず裏があると考えることを勧めるからである。

　こうした理論的な考察を進めるうちに，Kohutは次第に「解釈」という言葉を避けるようになる。彼が求める治療者の言語的描写を意味するのに，「解釈」という用語は語感として合わなくなったのだろう。彼は精神分析の治療プロセスを，理解と説明の二段階として改めて定義する（Kohut, 1977, 1984）。理解は，治療者が共感を通して試みる患者の主観性についての共感的理解である。共感的理解ののち，治療者はそれを患者に言語的に描写し，試行錯誤の中で意味づける。それが説明の段階である。そのような彼のスタンスは，最晩年に彼が述べた「解釈とは共感の高次の形である」（Kohut, 1981b）という言葉に示されている。

2. ポスト・コフートの解釈

　Kohutの死後，精神分析における言語的意味づけを理論的に精緻化し

たのは，間主観性システム理論の分析家たちである。間主観性システム理論とは，「観察者の主観的世界と被観察者のそれという，それぞれ別個にオーガナイズされた二つの主観的世界の相互作用に焦点を当てる」（Atwood & Stolorow, 1984, p.42）ような臨床的視座・感性のことである。この考えでは，患者と治療者二人の主観的世界は，出会った瞬間から他方の主観的世界の影響のもとにオーガナイズされ，継続的に変容し続けるものとみなされる。

　Stolorow は間主観性システム理論を，現象学的文脈主義に立脚すると述べる（Stolorow, 2011, 2013; Atwood & Stolorow, 2014 も参照）。現象学的だというのは，それが情緒的体験を探索し明らかにしようとするからで，文脈主義だというのは，その情緒体験をその場その時の文脈において共創造されるものとみなすからである。そこでは，精神分析実践は，患者と治療者が共同して，患者の情緒体験を間主観的文脈の中に了解可能な形で意味づけていく（Orange, 1995）作業だと見なされる。重要なのは，情緒体験の意味は複数の側面を含んで共創造されるので，意味づけられるものに正解はなく，文脈によって敏感に変化することである。

　ここで一つのヴィニエットを紹介しよう。つばさは，30 代前半の女性で，私が 4 年間週一回対面での精神分析的心理療法を行った事例である。この治療プロセスについては，第 11 章でさらに詳しく論じる。

　つばさが私のところに来たのは，母親の度を超えた干渉について相談するためである。母親は，つばさが小さいころから，服装から机の中身，交友関係をすべてチェックした。母親は，彼女が友人と出かけると聞けば，当日のスケジュールを細かく報告させた。つばさは自宅から少し離れた家に一人で住んでいたが，母親は彼女が仕事に行った後に毎日そこを訪れ，掃除と称して引き出しからクローゼットまですべての中身を確認し，前日と場所が変わっているものを見つけると，帰宅した彼女を捕まえて問い詰めた。父親は母親のおかしさに気がついていたが，できるだけ関係がないようにふるまっていた。

私が治療者としてつばさの話を聞く限り，彼女の母親は精神病的な不安定さをもっていた。彼女が言うことを聞かなかったり，知らないところで行動したりしていると，母親はひどく怒りだしたのち，泣き出し，やがて数週間にわたって食事を断って風呂にも入らないまま部屋に引きこもった。実際母親には数回の精神科入院歴があった。一人っ子の彼女は，自分が母親から離れたら，母親は本格的に「狂って」しまうだろうと思っていた。彼女は仕事が山積みになっていても，母親から「今日は定時に帰ってきなさい」とメールが来ればその通りにし，「今日は私についてきなさい」と言われればその通りにした。

　つばさとの治療が始まった当初，私にとって彼女は病的な母親のかわいそうな犠牲者だった。私には，彼女が母親の異常な過干渉から身を潜めるように生きているように見えた。彼女は，セッションがキャンセルになっても，代わりの約束を一切しなかったが，それは自分が私のところに来ていることを母親に知られたくないからだった。彼女の定期予約時間は固定されていたが，それは，母親が習慣的に予定を入れている曜日と時間だった。その時間ならば治療に来ていることを母親に気づかれないと考えた彼女は，それ以外の時間に予約を入れることを恐れた。私には，そんな彼女の態度も当然のもののように見えた。

　しかし，治療開始から半年も過ぎると，私のつばさに対する理解は変わり始めた。次第に彼女が，「母子分離のできない患者」に見えてきたのである。きっかけはあるセッションだった。その日私は，彼女と母親との関係についての深い話ができたことに満足した。しかし，次の回は私の都合が悪く，いつもの時間にセッションができなかったので，私は彼女に代わりの日を提案した。しかし彼女は来ることを望まなかった。理由はいつもと同じある。私はそこで，彼女は母親との融合的な世界から抜け出す動機づけに乏しいのだと考えた。

　私は「あなたは母親が自分を離さないと体験している一方で，あなた自身も母親から離れたくない思いがあるかもしれない」と，つばさに伝

えた。彼女はそれに対し,「私の方が狂っているということですね」と青ざめた。それを見た私は,自分の理解の正しさを確信するとともに,自分が彼女を無理やり母親から引き離す悪い人間のように感じた。

　それからしばらくしたとき,私は,つばさが私から受け取った請求書を帰り路に駅のゴミ箱に捨てていたことを知った。請求書が手元に残っていると,母親に私のところに来ていることを知られてしまうと思ったからである。私が,やはり彼女は母親から離れることを恐れているのではないかと伝えると,彼女は「やっぱり私がおかしいのでしょうか」と言う。私はさらに,自分の理解の正しさを確信した。

　こうしたやりとりがしばらく続いたのち,私は,自分が解釈をしたのは,自分の認知した世界の正しさと健康さを彼女に認識させるためだったのではないかと思うようになった。私は,自分が彼女に評価されないと感じると,彼女の世界がおかしいと主張したのではないか——と。もしそうならば,私の態度は,母親が彼女に示したものとまさに同じものだった。彼女に与えられたのは,母親の世界に残るか,私が提示する世界に服従するか,どちらかの選択肢だけだったことになる。私がつばさにその理解を伝えると,彼女は顔を輝かせ,「ほっとしました。私が狂っていたわけではなかったんですね」と息をついた。

　このプロセスを間主観性システム理論から見るとどうとらえられるのだろうか。

　私は彼女を「母子分離のできない患者」と体験し,そのように彼女に伝えた。それは,彼女の行動が,母親との融合から抜け出す動機づけに乏しいことを表しているように見えたからである。もし患者の心が個別化された一つの実体であり,私がそれをそのまま取り出せたなら,その理解と言語的描写は一つの正しい答えだったかもしれない。しかし,間主観性システム理論の視座は,そのような見方を否定する。共感の節で述べたように,治療者が観察した患者の心は治療者の主観性をすでに含んでいる。「母子分離のできない患者」と観察されたものはすでに私の

主観性において描写されたものである。それが客観的事実というわけではない。間主観性システム理論は，治療者がどのようにしてその患者理解を導き出し，どのようしてそれが言語的に説明されることになったのかに注目する。それは治療者が，治療的相互交流の場を，自分の主観的世界の中にどのようにオーガナイズしているのかに注目することでもある。

私がつばさを「母子分離のできない患者」と体験したのは，私が，自分の世界を彼女に承認してもらえないと体験したことが影響していた。彼女が，私のコメントに耳を傾けず，キャンセルしたセッションの代わりの日を作ってくれなかった，と感じたことがそれである。その体験の中では彼女は，人を認めることができない頑固な人に見えた。私の中に，彼女は病理を持っているという構図が描かれた。私は，その構図から彼女を描こうとしたのである。そうでなければ，私が傷ついたのは私自身の問題ということになってしまうからである。

そうして描かれた私の理解をつばさに提示すると，つばさは「私の方が狂っているということですね」と青ざめた。彼女が母親との融合的な世界から離れられないという理解は，恐怖を伴って彼女と共有された。しかし，これがそのまま，彼女が母親から離れられない事実を証明しているわけではない。彼女は，母親よりも自分の世界「の方が狂っている」という見方をオーガナイズしている人である。治療者が強く自分の世界の正しさを示そうとする文脈では，彼女は治療者の世界観にひれ伏すしかない。私の世界観が，彼女を母親から離れられない人の位置においたのである。

一方でつばさは，「私は先生の言うとおりには怖くてできないのです」とも述べている。彼女は，治療者が治療者のオーガナイズする世界に従うように求めたことに対して，自分は従えないとも主張している。これは，彼女の健康さでもあった。彼女は，他者が自分をその世界に取り込もうとする力に対して，はっきり拒絶できる人なのである。

そのように考えると、彼女が母親との融合的な世界から抜け出す動機づけに乏しい人だという理解は、決して正しいものではないことが分かる。そもそも、こうした理解が正しいのか間違っているのかという議論は、ほとんど意味がない。ここで明確に言えるのは、この理解は、ある側面でつばさと私をつなぐようにオーガナイズされたものだということだけである。両者が生み出した「解釈」は、つばさの病理をとらえたものではなく、**二人を結びつける体験世界を言葉にした**ものだった。

つばさと私との結びつきは、「間主観的つながり（intersubjective conjunction）」（Stolorow & Atwood, 1992）と呼ばれるものだった。それは、両者のオーガナイジング・プリンシプルが、ある側面でのみつながった状態を意味する。そこでは、関係の一側面のみが強調され、他の側面には光があたらない。つばさと私は、「つばさの世界は異常で治療者の世界は正常」という点でつながっていた。それが作り出したのは、つばさの恐怖心と私の傷つきの回復だった。その関係は、どちらの世界が正しいかという二者択一（complementarity）（Benjamin, 2004）に陥り、創造的なスペースに光が当たらないものになっていた。その中では、私がいくら解釈しても、健康な変容のプロセスが展開しないのは当たり前だった。その解釈は「つばさの世界は異常で治療者の世界は正常」という世界観を強化するだけだったからである。

III. 倫理的転回

ここまで私は、自己心理学や間主観性システム理論における「共感」や「解釈」の理解について述べてきた。しかし先に述べたように、こうしたモデルは、共感や解釈（または説明）のプロセスがどのように進むのかを理論化したものである。治療者がどうあるべきかを理論化したものではない。そこには、共感や解釈というプロセスの中にある治療者が、何に注意して、どのように患者に向き合うべきなのかという議論が欠け

ている（富樫, 2016b, 2016c）。

　精神分析の倫理的転回は，治療者が，患者にどのように向き合うべきなのかを探求する。これまで述べてきたように，間主観性システム理論や関係精神分析は，精神分析的二者関係における非線形のプロセス，予測不可能性，不可知性を強調した。彼らは，従来の精神分析技法の妥当性に対して疑問を投げかけ，それがいかにあてにならないかを明らかにした。Bacal（2011）は，精神分析の「公式的な理論は，治療で何が起こっているのかについていつも説明できるわけではない——ものによっては全く説明できないものもある」（p.8）と述べている。言い方を変えれば，彼らはここで，従来の精神分析が明確に提供していた「治療者はどうすべきか」という行動基準がすでに失われていることを明らかにしたのである。「倫理的転回」とはつまり，失われたそれを新たに探求しようとする作業でもある。Relational turn は精神分析的関係を理解する視座の転回だったが，Ethical turn は精神分析の行動規範や価値観をとらえる視座の転回なのである。

　第1章で述べたように，「倫理的転回」は大きく分けると二つの流れで構成されている。一つは，不確実性を含む世界の中で治療者がどのように生きるべきなのかという問いで，もう一つは，治療者は目の前にいる患者という他者にどう向き合うのかという問いである。

1. 不確実性を含む世界で生きること

　不確実性を含む世界の中で，治療者がどのように生きるべきなのかという問いは，精神分析理論や技法，観察した事象，仕事の意味の確かさを失った治療者が，どう患者に向き合うのかという問いでもある。私は最近の論文で，このような場面で治療者に求められるのは，患者や治療関係に対する「誠」（Togashi, 2017b, 2017d）だと主張した（第4章参照）。「誠」は使い古された言葉にも感じるが，ここで述べているのは形骸化した道徳教育や正義ではない。それは，治療者が患者に向き合うと

きの出会いの中核にある心のあり方を意味するものである。

　治療者が何かを理解し，それを言葉にしようとするとき，多くの場合治療者は，自分が観察した事象についてある種のインパクトと確信を持っている。ある程度の感情体験とともに理解の輪郭が頭の中に浮かび上がり，「ああ，そういうことか」といった感覚とともにそれが確信になる。そのとき治療者は，多くの場合，多少の不安と疑問，不確かさの感覚を持ちながらも，それを患者に伝達することの意味を確信する。自分が理解していることを伝えることで関係を結びつけようとすることもあれば，患者に問題を認知させようとすることもあるだろう。そしておそらく，健康な柔軟さを持った治療者は，どんなに強い確信を持っていたとしても，それが100％の正解だと思っているわけではなく，それは誤差と可謬性を含んだものだという前提で話をするだろう。

　しかし私たちは，自分の確信を捨てて患者にかかわることができるのだろうか。私の考えでは，それは不可能である。可謬性をどれだけ想定したとしても，私たちの中に一つの理解の輪郭が浮かび上がるということ自体が，認知的な確信そのものを意味しているからである。そのような確信から逃れようとしてそれを否定することもまた，別の確信をとらえようとする作業である。精神分析を進めるということは，それ自体，私たちの了解を超えた患者を前にして，不安を感じない程度に頼ることができる確信を探す作業なのである。

　つばさの例でも，彼女に承認してもらえなかったと体験した私は，彼女と構築している二者関係を信じてよいのかどうかわからなくなった。その不確かさに耐えられなかった私は，一つの確信を持った世界を構築した。それが「彼女もまた母親から分離できない」という私の理解であり解釈だった。やがて私は，その見方が間違っているかもしれないと体験する。それは確かに，私にとって，自分の確信を捨てようとする作業だったが，その作業を捨てたのもまた，前の理解よりも確かなものがあるはずだという思いからにほかならない。

重要なのは，私たちが，自分の確信から逃れる方法がないことを認めることである。私の言葉ではそれは，治療者が相手との関係性にただ正直になり（Togashi, 2014c, 2014d; Togashi & Kottler, 2015），誠実（Togashi, 2017b, 2017d）であろうとすることを意味する。ここで述べる「誠実」「誠」は，西洋倫理の格率と言動の一致に基づく心のあり方ではない。それは，その時々や場所，立場に応じて最も善いことを行えるだけ自分の心を「純粋」に保つという態度で，江戸時代の陽明学者熊沢蕃山らが「時処位（論）」と呼んだものを基本的意識とするものである（佐久間, 1977, 1978）。これは，自分を純粋にすることで，大きな宇宙や社会の流れをそこに反映させるという倫理思想で，そのルーツは古事記にまでさかのぼることができる（相良, 1980；下川, 2001）。私たち治療者は，確かにさまざまな理論や方法を知っている。しかし，それらをすべて取り払ってもなお，そこにある出会いの中核では，私たちは自分が自分の確信から逃れられないことを認め，ただその状況や役割，時機に純粋に身を委ね，その場その時，その関係の中で，ただ伝えなければならないと思ったことを伝えることしかできない。

2. 目の前の他者

　倫理的転回は，治療者は，治療者としての役割や「私」個人の主体性の自覚の前に，ただ目の前に現れた「永遠に了解できない他者（radical alterity）」に対して，いかに呼応するのか（Katz, 2016; Orange, 2016b）という臨床的問いを含んでいる。出会いの瞬間から，患者は治療者としての自分の意識の流れとは異なる文脈において存在し，治療者はそれを超えることはできない。治療者はただ，患者がそこにいるというだけでそれに応じなければならない。

　Baraitser（2008）は，関係論の立場から Benjamin（1990, 2010）の相互承認の問題点を指摘する。彼女からすれば，Benjamin の考え方は，母親の主体性を強調しすぎているというわけである。Benjamin は，母

親や子どもを「対象」としてのみ扱ってきた従来の精神分析を脱却し，それぞれが主体性を持った他者として，相手にも自分と同じ主体があるという認識をともに発達させることの重要性を理論化したが，Baraitser からすればそれは，母親の主体性がまずあって，対象として生き残ることを通して初めて相互承認に到達するようなモデルで，母親の子どもに対する倫理的かかわりが十分に検討されていない。彼女は，母親はその主体性を自覚する前に，あるいは，母親としての役割を自覚する前に，子どもの顔を見るだけで子どもの世話をしてしまうものだと主張する。彼女の考えでは，母親が母親の「私」に目覚めることが，子どもからの問いかけの認識に先立つことはない。Baraitser（2008）は，こう述べる。

　　何をおいてもまず他者なのである。主体性は，根源的他者，あるいは他性との関係を通して生じてくるものとされる。私の考えでは，母性とは，子どもである「他者」との関係を通して「呼び覚まされる」主体性の象徴的まとまり・了解不能なまとまりのことと見ることができる。邪魔をしたり，癇癪を起したり，泣きわめいたり，要求がましかったり，ころころ変わったり，質問ばかりぶつけてきたり，愛してきたり，予測できなかったり，さっぱりわけがわからなったりする他者は，つまり子どもは，その反応に対して母性的主体を呼び覚ますような種類の他者なのだと私は主張したい。

（Baraitser, 2008, p. 90）

　Baraitser（2008）が述べているのは，「永遠に了解できない他者」を前提とした他者への無限の敬意と責任である。彼女は，母親は母親という役割の前に，母親という主体性の認識の前に，母親は子どもがいるとそれに応じてしまうということに，出会いの原点を見た。この感覚を理解することは，決して簡単ではない。私たち治療者もまた，一つの役割と主体性をもって社会的・経済的関係に参加しているからである。彼女

もまたそれを否定するわけではない。治療的関係は，多くの部分でそのようなもので組織されている。しかし私たちが目の前の患者を理解しようとし，理解したものを伝えようとする営みには，役割や主体以前のもっと根源的な（radical）何かがある。

　治療者の前に患者が現れるとき，治療者はただそれに耳を傾けてしまう。多くの治療者はそのように患者にかかわっているはずである。私たちが患者に最初に向き合うとき，そのような感覚でただ患者と一緒にいようとする。しかし，時間の経過とともに，私たちはそれを忘れてしまう。自分がさまざまな理解をできるようになればなるほど，患者を知れば知るほど，私たちは患者がわからなくなる。Kohut は「（精神分析は）Freud が整理した心のモデルによって公式化された特別な理論によってではなく，Breuer と Anna O が出会ったという幸運……によって定義される科学である。誰かが内的な世界を語り，他者がそれを説明できるように共感的に話を聞くのが精神分析の基本である」(Kohut, 1980a, pp.515–516) と述べているが，それはまさに，目の前にいる患者にただ応じることが精神分析の原点であることを示す言葉である。

　最初に出会ったとき，私にとってつばさは，ただ世の中で生きることを苦しいと感じる一人の人だった。やがてその感覚は失われ，そこに「母親の被害者」とか「母子分離のできない人」などの理解が描かれるにしたがって，私は彼女を失っていった。ある形でしかつばさを描けなくなってしまったのである。その原点を失ったとき，私はたくさんの解釈や説明をした。そして，それがさらに彼女をわからなくさせた。共感的理解は，治療者が自分や自分の役割を前提とする限り，決して患者を描き出さないのである。

3. 患者にものを伝えること

　私は最近，患者の前に自分が座ることや，患者に自分が何かを伝えるということの倫理についてまとめた (Togashi, 2017a, 2017e)。真剣にこ

れを考えると,なんて怖いことなのだろうか。ここまで話してきたように,私たちは患者を理解しようとし,その理解を彼らに伝えようとするが,それには正解がない。そして私たちは,そのようにして伝えた理解が,患者にどのように受け取られ,どのような意味になって二人の関係を変えていくのかについて,基本的には予測できない。さらに患者は永遠に了解できないのに,彼らがこちらを見た瞬間,私たちはそれに応えてしまうのである。Gadamer（1960）はこう述べる。

> 本来の対話は,われわれが行なおうと心に決めるようなものではけっしてない。むしろ,もっと正しい対話に巻き込まれるとまでは言わないまでも,思わぬうちに対話をしているのが普通である。対話では,ひとつの言葉を発すると,それが次の言葉を生み出し,対話がさまざまな方向に向かいながら進行し,それなりに終わるというのは一種の遂行であるかも知れないが,この種の遂行では,対話をしている者は能動的に対話を遂行しているというよりは,むしろ,動かされていっているのである。対話においてなにが「飛び出してくる」かは,対話を始めてみなければわからない。意思が通じたり,しなかったりすることは,われわれの身に生じた出来事のようなものである。
>
> （Gadamer, 1960, 邦訳 p.679）

　私たちが患者にものを伝えるということは,罪深いものである。私たちは決して患者を完全にはとらえることができないにもかかわらず,私たちの言葉は良くも悪くも患者の気持ちを揺さぶる。患者はもちろん,それを聞いて幸せに感じることもあるかもしれないが,それに深く傷つくこともある。それでも,治療者は何かを発しなければならない。目の前に患者がいたら,自分の理解が不確実でも,関係を崩壊させる可能性を含んでいたとしても,そこから逃げることはできないのである。

分析家は学派を問わず，さまざまな解釈をする。学会に行けば，発表者は患者の語りを我がことのように確信をもって記述し，心の中のメカニズムを論理的に，あるいは，情緒的に解釈する。そういった姿を見ていると，この治療者は自分の信念を恐れることはないのだろうかと考えてしまう。そして我が身を振り返り，自分もまったく同じだと思うと，自分は何て怖い仕事をしているのだと恐ろしくなる。しかし，治療者が本気でそれを考えたら，今度は何も言えなくなってしまう。だからといって，治療者がそれを無視したら患者を壊してしまう。

重要なのは，私たちが自らの言葉に服従せず，また，患者を私たちの言葉に服従させないことである。Ghent（1990）は，「服従（submission）」と「サレンダー（無防備になること・身を委ねること：surrender）」とを区別している。その概念を自らの相互承認論の中に位置づけるBenjamin（2018）は，前者を自らの主体性を放棄して相手の主体性に従属した状態で，後者を「自己をある程度あきらめる（letting go）ことを意味するだけでなく，他者の見方や現実を取りいれる（take in）能力も含んでいる……サレンダーは物事をコントロールし強要しようとするいかなる意思からも自由になることを意味する」[8]（p.23-24）状態だとしている。私たちが患者に何かを伝えるとき，私たちは常に，それが自らの主体性を従属させる中で生み出された言葉である可能性を考えなければならない。また，自らが発した言葉は常に，患者をそれに従属させる可能性があることを知らなければならない。そして私たちは，そうしたリスクを知りつつ，熟慮を重ねたうえで，「まあ，言ってしまえ」という瞬間にサレンダーするのである。

普段の健康な関係では，一方が言葉を発するとき，その瞬間それがどうとらえられ，どのようにそれが展開するのか，それを予測して言葉を

---

[8] Benjamin（2007）は，Benjamin（2018）のもととなる発表において，サレンダーを「主体性は他者によって『破壊され』，否定され，修正されるが，いかなる統制や抑制からも自由になる」（p.2）ことと定義している。

発することはない。発声のまさにその瞬間は，私たちは基本的に何も考えていないのである。もし少しでも何かを考えたら，私たちは言葉を発することができなくなってしまうだろう。それでも，言葉を発しようとするとするならば，私たちはその言葉に自分を服従させるしかない。そうではない場合，つまり言葉が意味を持ち，可能性の領域になるとき，私たちは自らの身をなにも考えない状態に委ねているのである。私は，そのような瞬間を「精神分析的ゼロ」（Togashi, 2017e）と呼んでいるが，共感にしても解釈にしても，重要なのは，治療者がその状態に身を委ねられるだけ何もない状態でありながら，そこに生まれた世界を理解し解釈できる感性を生み出せる状態で治療関係に参加していることだろう。

第8章　逆転移と共転移

「逆転移」という言葉は，最近の自己心理学や間主観性システム理論ではあまり用いられない。こうした理論では，それを使用する場合でも慎重に用いる。国際自己心理学会の年次大会でも，「逆転移」という言葉を聞くことは少なくなっており，私自身も使う場面は極めて限られている。私は同学会の機関誌『Psychoanalysis, Self and Context』の編集委員もしているが，投稿論文の中に「逆転移」という言葉が出てくると，査読においてしばしば議論になる。

もちろん，自己心理学者の中にも逆転移という言葉を使う人はいる。特に，Kohut直系の伝統的自己心理学者たちは，躊躇なくそれを用いる。私も初心者への教育場面では，話が通じやすいので用いることが多い。しかし，間主観性システム理論や関係論の影響を受けた現代自己心理学者たちの多くは，私も含め，「逆転移」よりも「共転移（co-transference）」という言葉を好む。

本章では，現代自己心理学の立場から「逆転移」という概念を整理するために，まず，精神分析一般における概念を整理したのち，自己心理学における逆転移の概念の変遷を概観する。次に，「共転移」の意味について議論する。最後に，予測不可能性，不可知性，そして操作不可能性と共転移について考察する。

I. 精神分析における逆転移について

　逆転移の議論には長い歴史がある（Little, 1951, 1960; Reich, 1951, 1960; Greenson, 1968; Racker, 1968, Armony, 1975; Sandler, 1976; Gorkin, 1987; Heimann, 1950）。臨床家ならばその重要性，価値，厄介さと頼もしさは，常日頃感じているところだろう。一般的には，「逆転移とは，患者（特にその転移）に対する分析家の無意識的な反応の全体」と定義される。それは，常に臨床場面のどこかにあり，臨床状況を輪郭づける特徴的な現象である。

　Freud（1910）にとって逆転移は，基本的に治療状況に対する妨害物であり，排除すべきものだった。彼は，「いかなる精神分析医といえども，自分自身のコンプレックスや内的抵抗が許容する範囲でしか進んでいけない」（Freud, 1910, 邦訳 p.196）と述べている。それは，分析家の未熟な側面や，病的な側面が表れたもので，分析家が患者に対して中立的でいることの妨げとなるものだった。しかし彼は，別の言い方もしている。Freud（1913）は，「いかなる人間も自分自身の無意識のなかにひとつの道具を備えており，それを用いて他人の無意識の現れを解釈することができる，と私が主張したのは当たっていた」（Freud, 1913, 邦訳 pp.194-195）とも言っているのである。つまり彼は，異なる人間どうしの無意識のコミュニケーションも仮定していて（Freud, 1915），治療への妨害物にみえる逆転移も，治療に利用できる側面があるとほのめかしている。

　Sandlerら（1973）は，逆転移を6つに分類している。(1) 分析家の抵抗，(2) 分析家の患者に対する転移，(3) 患者と分析家の間のやり取りの不具合，(4) 分析家の個人的性格，(5) 患者の転移に対してその二人が持っている特有のハンディキャップ，(6) 分析家の当たり前の反応，である。Sandlerは，逆転移には患者と分析家の両者が関与するさまざ

まな側面があると述べた。しかしここでも，逆転移はまだ，患者の理解を妨げるものとして扱われている。この分類は基本的に，患者の問題を浮き彫りにするときに入り込むノイズのルーツについて述べたものだからである。

逆転移のコミュニケーションとしての特性にまで踏み込んだのは，Heimann（1950）や Wolman（1966），Searles（1979），Gorkin（1987），Armnoy（1975）である。彼らは，逆転移は，その二者関係が持っている特有の関係性を意識的，無意識的に構成したものだと考えた。つまり，分析家の心は，知らないうちに患者の心を理解していて，それが表れたのが逆転移だというわけである。彼らの考えでは，分析家は，そこに現れているものを追いかけることで，自分が見逃している患者の主観的側面が理解できる。彼らの中には，これを推し進め，逆転移を治療的技法として用いることを勧める者もいた（Gorkin, 1987; Armony, 1975）。具体的に言えばそれは，逆転移を自己開示や解釈に用いようという主張である。逆転移を患者に明らかにして，それを分析の素材にすることで，患者の問題の理解を深めようというわけである。妨害物から始まった逆転移が，ここで概念的に大きく発展していることがわかる。

しかしやがて，こうした見解に共通する概念上の問題が指摘されるようになる。第一に「逆（counter）」という言葉である。それには，「〜に反対する」とか「〜に対立する」「〜の裏返しの」といった含意がある。その意味では，逆転移は，転移に対しての相容れないもの，あるいは，それに対立して生じるものと理解される。そこには，治療者の主観的体験は患者の体験から切り離されて個別的に動いているものだ，という前提がある。つまりそこには，問題の中心は患者であるという思想が変わらず存在するのである。

第二に，「転移」から区別される「逆転移」を論じる限り，そこには，治療者の主観性は患者のそれから区別され，対象化して取り上げることができるという前提があることである。その前提には，治療者の主観

体験は，知覚的，体験的，概念的に操作可能だという発想を含んでいる。そのような考え方は，一つの感情や思考のプロセスが，きわめて複雑に成り立っていることを否定することになる。

　その中でやがて登場したのが，患者と分析家の相互交流をそのままとらえようとする考え方である。Wolman（1966）は，相互的な治療的プロセスは，今ここで展開している二人の人間の現実的なやり取りであり，転移や逆転移を超えたものだと主張する。McLaughlin（1981）は，転移という言葉は，患者と分析家双方の体験を意味するものと定義するのが望ましいと述べている。Gill（1983）は「転移‐逆転移相互交流（transference-countertransference transaction）」という言葉を用いることを勧める。間主観性システム理論や，現代自己心理学もこの系譜に位置づけられる。

II. 自己心理学における逆転移の変遷

　では，自己心理学は逆転移をどうみてきたのだろうか。実は，Kohutの逆転移の考え方はかなり単純で，基本的に，その中核的思想は伝統的自我心理学モデルとほとんど変わらない。彼は，「ある分析者たちは患者によって理想化されたとき，（ときには逆転移の動員に起因して）間違った解釈や時期尚早の解釈，あるいはそうでなくも欠点のある解釈をする傾向」（Kohut, 1971，邦訳 p.126）があると述べ，そのように「自己愛障害を分析する際に分析者が起こす主な反応は（逆転移を含めて），分析者自身の自己愛，特に彼自身の解決されていない自己愛に根ざしている」（Kohut, 1971，邦訳 p.234）と述べている。彼のこの考え方は生涯変わることがなく，彼は，亡くなった後に発表された『自己の治癒』の中でも「もしわれわれがはっきりと見たいなら，われわれは拡大鏡のレンズを透明に保たなければならない。とくにわれわれは自分たちの逆転移を認識しなければならず，そうすることによって被分析者のコミュ

ニケーションと彼のパーソナリティについてのわれわれの知覚を歪める諸要因の影響を最小限にしなければならない」(Kohut, 1984, 邦訳 p.55) と述べている。

つまり，Kohut にとって逆転移とは，治療者の共感能力を妨害し，適切な自己対象機能を提供するための解釈や介入を誤らせるようなものでしかなかった。同時期に先に述べたような論客たちが，さまざまな次元での逆転移の利用可能性について論じていることを考えると，これは不思議なことである。治療者の体験を通して患者の自己体験が変わるという理論を展開していた彼からすれば，患者に対する治療者の体験が役に立つというのは当たり前のことで，それはもう逆転移の範疇に入らなかったのかもしれない。彼の議論は，むしろ「逆抵抗」の議論にとどまっていたということもできる。

自己心理学の視座から逆転移を整理したのは，Wolf (1988) である。彼の見解をまとめると以下のようになる。

(1) 治療の有効性に対する分析家の喜び
(2) 分析家の蒼古的な自己対象ニードの発露
(3) 理想化や鏡映，融合転移への防衛的反応

Wolf (1988) は，分析家と患者の主観性に違いが生じる部分に注目した。彼は，分析家の中にある分析家自身の自己対象ニードをそのまま認めたわけである。そこからは彼は，こうした体験を治療的に利用できる可能性について言及した。これは Kohut の考えを超えたものである。逆転移は単なる共感の妨害物だという考えを超え，関係の中に分析家の自己対象ニードが入り込むことの治療的意味を認めたからである。それでもまだ，自己心理学における逆転移の議論が，他と大きく変わったわけではない。

自己心理学に近いところでこうした議論を大きく飛躍させたのは，

Stolorow らの間主観性システム理論である。特に大きな意味をもたらしたのが,「間主観的つながり (intersubjective conjunction)」と「間主観的へだたり (intersubjective disjunction)」の考えである。間主観的つながりは,患者と分析家のオーガナイジング・プリンシプルのあり様が似通っているために,その二人からは見えない心理的側面が作られてしまう状態を意味する。間主観的へだたりは,それらがかけ離れているために,患者の主観性のある側面に治療者の主観性が調律されなくなっている状態を意味する。これは,患者と分析家それぞれに組織された心理的プロセスが,相互交流の中で認識の範囲を広げたり狭めたりしながら,二者に特有な関係が織りなされる姿を描き出したものである。そこにはもう,二者の一方の心の中に流れるプロセスとして実体化された逆転移の概念はない。たとえ分析家が「これは自分の特有の反応で,この患者に限らず,自分はこういうことをよくやるなあ」と感じたとしても,その感じ方自体が,すでにその関係の文脈の中に織り込まれていると考えるからである。分析家がそれを概念的に区別されたものとして取り出そうとするときでさえ,その作業自体がその関係の特徴を示すものだととらえる。

　彼らは,自己と他者,外と内,観察するものとされるものなどのデカルト的二分法に対する疑問から,間主観性理論を作り上げていった。Stolorow, Atwood & Orange (2002) はまず,デカルト的二元論に基づく精神分析を以下のように批判する。

> この教義は人の主観的世界を外的領域と内的領域に二分し,結果として生じる二つの分断を具体化し,絶対化するものである。この教義は,心を,他の対象の中のしかるべき位置をしめる客観的実体で,「ものを考えるなにか」として描きだす。それは,その中にはなんらかの内容物があり,本質的になじまない外的世界に向き合っているという描き方である。
>
> 　　　　　　　　　　　　(Stolorow, Atwood & Orange, 2002, pp. 1-2)

第8章 逆転移と共転移

　現代自己心理学の理論家たちは，転移と逆転移をほとんど区別しない。もちろんそこには温度差があり，Fosshage（1994, 1995）は，転移と逆転移は常に共決定されるもので，それを分断したり，区別したりすることはできないと主張する一方で，臨床的な感覚において「逆転移」という言葉は有効で，それを残す必要があるともしている。対極にあるのがOrange（1993, 1995）で，彼女は，転移と逆転移を区別することを避け，「共転移」という言葉でそれを表現する。Orange（1993）は以下のように述べる。

　　共転移という考えは，間主観性や相互影響論に関連した考えであり，分析状況において分析家の参与と患者の参与との間に区別があることを想定しない。それは，それぞれにオーガナイズされた二つの主観性は，常に対話の中で関与しあっていることを意味し，それを認める考え方である。共転移の考えが示唆するように，二つの主観性が十分に関与しあっていることを認めることは，二つの主観性が異なっているということを排除するわけではない。
　　　　　　　　　　　　　（Orange, pp. 250-251，強調は原文）

　共転移は，治療状況に生じる現象を，どちらかの心に原因があるとか，どちらかの心の問題や過去に還元できると決めつけてしまわないための用語である。両者の心に互いに調整されない動きがあることは認めるが，そのような動きでさえ，どちらかの心の中に固定化されたものだとは考えない。それによって治療者は，自分の心に起こる体験や気持ちや行動について，自分の中の悪いものがそうさせたとか，患者が自分にそうさせた（引き起こした）という視点を避けることができる。それは，病因を患者か治療者どちらか一方だけの問題とすることを避け，そこに生じている現象をそのままとらえようとする姿勢である。

先に述べたように，逆転移という考えは，区別された領域をそれぞれ実体化し，そこに何らかの真実があるという発想をもたらす。何らかの真実があると考える分析家は，それを特定する専門家になりがちである。分析家は，自分が言葉にしていることは正しい答えや真実だと考えてしまいやすくなるわけである。第1章と第7章で述べたように，解釈とは，あくまでもその場にいる両者がそのように意味づけたものでしかない。患者が，治療者の解釈を「正しい意見だ」と体験したとしても，それは，その二人の間で間主観的に意味づけられた「主観的真実」（Stolorow, Atwood, & Orange, 1999）であって，治療者が，解釈以前からそこにあった絶対的真実を発見し説明したわけではない。

　共転移の考え方は，乳児の実証研究から発展した非線形動的システム理論（Beebe & Lachmann, 2002）から考えても，妥当であることが分かる。この理論は，患者と分析家の二者の相互交流が，インプリシット・プロセスと，エクスプリシット・プロセスの両方の次元において，互いの動きを予測しながら，1秒以下のサイクルで影響を与えつつ進んでいくことを記述したものである。このモデルは，治療者だけの個別化された体験を概念的に取りだすことは不可能であることを実証している。このモデルによれば，治療関係は，両者の空想や語りの内容がエクスプリシットな次元で相互に影響し，覚醒水準や身体の向きなどがインプリシットな次元で相互に影響する中で，さらにそれを組織するさまざまな要素が非線形に影響しつつ互いのやり取りを変えながら進むプロセスである。

　たとえば，治療者がイライラすると思ったとしよう。それをもたらした一つの要素に，患者がぼんやりとしてあまり明瞭に話をしないことがあったかもしれない。あるいは，患者の語る話のつまらなさもそれに影響したかもしれない。しかし，治療者のイライラの原因をそのままその二つの要素に還元することはできない。患者の覚醒水準の変化は，ほぼ同じ瞬間に，治療者自身が自分の中の生理的変化に一瞬気を取られたこ

とに影響を受けたものかもしれないからである。あるいは，患者の話の内容が，前回の内容と少し齟齬があるように思った治療者が，少し内省的になったことから一瞬表情を失ったことも影響したかもしれない。治療者が無表情になったのを見た患者は不安を覚えたが，治療者はまだ内省しているままで，その両者の差が会話のリズムに不協和音を創り出し，それが治療者の感情体験に影響したのかもしれない。さらに言えば，そのような体験は，数か月前の患者とのやり取りのリズムがそのまま持ち込まれたものかもしれない。そう記述するならば，何が転移で，何が逆転移か区別して述べることは不可能だというわけである。

III. 共転移と転移-逆転移の違い

　ここまで私は，間主観性システム理論家や現代自己心理学者たちが「共転移」という言葉を好む理由について述べてきた。一つの理由は，「逆」転移という概念には，治療者の体験は患者の体験から切り離されていて，問題のもとは患者の主観にあるという思想があることである。もう一つの理由は，逆転移という言葉を用いることは，治療者の主観性を実体化して取り出すことにつながり，それによって二者関係の複雑性が見えなくなることである。しかし，もう一度考えてみよう。これらの説明はまだ，なぜわざわざ「共転移」という言葉が必要なのかについて十分述べたものではない。治療者の体験が患者から切り離されるものではないことを意味するのであれば，「転移‐逆転移」という言葉で十分であり，関係の複雑性を問題にするのであれば，Wolman（1966）の言うように関係性は転移と逆転移を超えたものだと言えばよいからである。
　ではなぜ共転移なのだろうか。私の考えでは，共転移という用語の臨床的価値は，もう少し別のところにある。それは，その言葉が，二者関係のプロセスに含まれる予測不可能性，不可知性，操作不可能性を認める側面を持つことである。

私たちが「逆転移」または「転移」という言葉を使うとき、私たちはそれを大きな体験の中から切り取り、それをとらえようとしている。そして私たちは、その体験を制御するために、そのルーツと理由を知り、その体験が今後どのように展開するのかを予測しようとする。共転移という概念は、私たちに、そのようなこと自体がそもそも不可能であることを突きつける。転移も逆転移も、本人の認識を超えたものであり、それを取り出し、予測し、制御することはできない。二者関係の情緒的プロセスがどうなっていくのかは、根源的なところでは、当の本人たちにも永遠にわからないのである。それが逆転移なのかどうかをとらえようとしている主体自体が、その文脈の中にあるとすると、その現象が逆転移であるかどうかさえ、本来は分からない。

　KohutやFreudが示した「妨害物」としての逆転移は、やがて治療者がそれに「気づく」か「それを解消する」か、あるいは、それによって患者に影響を与えないようにするというように、予測可能性の概念を含んでいる。しかし私たちは今、それ自体がそもそも不可能だということを認めなければならない。臨床家が好んで用いる「逆転移を利用する」（Gorkin, 1987）という考え方も、それを自分が操作できるという前提を含んでいるが、二者関係から切り取ることができないものであることを意味する「共転移」を用いる臨床家は、それに意味を与えることはしても、それを制御し操作しようとはしない。

　私たちの臨床実践には、よくわからない相手によくわからないまま、ただ向き合わなければならない側面がある。共転移という概念は、治療者が関係の中にあり、自分と患者の体験にそのまま向き合うことを必要としながら、それがどこにどのように展開しているのか正確にとらえられるものではなく、今後それがどのようになっていくのかもわからず、それ自体を統制することができないことを認める中での治療的交流を前提とするものである。そのような感性を持つと、治療者はもはや自分の体験の中身を分析して取り出そうという姿勢を持たなくなる。その

作業に意味がなくなるからである。しかしそれは、治療者が自分の体験に注目しないことを意味するものではない。治療者はそこで自分の体験を通し、両者のやり取りのプロセスそのもの（関係性システム）と、不可知性の中で自分が仕事をして患者とかかわることの意味（倫理）を問う。それができないとき、治療者は自分の体験を「逆転移」だと認定する。それは治療者が、状況の不可知性から引き起こされる不確かさの感覚を、固定化した揺れのない構造にはめ込もうとする姿である。

　たとえば、何かあるとすぐに「言いたくありません」という患者を前にした治療者がイライラしている場合、逆転移という言葉でそれを見る治療者は、そのイライラの中身やルーツに目を向けてその回答を得ようとするだろう。そこにあるのは、イライラしないようにしたいという希望や、そのように対応すればやがてイライラが消えるだろうという予測である。あるいは、イライラを利用して患者が変わるように何かをしようという姿勢である。しかし、共転移という考え方でそれをみる治療者は、その場のやり取りの意味をとらえようとしつつも、そのイライラの中に身を委ねながら、自分のよって立つ理論や考え方、個人的価値観を超えて、わからない状況に対してそのまま向き合おうとするだろう。治療プロセスの中に自分をおきながら、それを制御せずにそのまま向き合うことで初めて、理論や個人的価値観に自覚的な、その瞬間にいて意味のある可能性を最大限含んだ治療的介入が浮かび上がる。その意味で、ここに述べることはニヒリズムの立場からのものではない。これは極めて具体的で実践的な精神分析の倫理を述べたものである。

IV. 予測不可能性, 不可知性, そして操作不可能性に向き合うこと

　倫理的転回とは、治療者としての役割や「私」個人の主体性の認識以前に、目の前に現れた根源的他者（radical alterity）にいかにそのまま呼応するのか（Katz, 2013）という臨床的問いである。そういった意味

で，出会いの瞬間から，患者は根源的に治療者としての自分の意識の流れとは異なる文脈に存在するもので，治療者はそれを超えることはできない。しかし，だからこそ，治療者は患者に真剣にかかわろうとし，そのままに（authentic）患者と向き合おうとする。

共転移の考え方は，一見したところ，患者と治療者の主観的世界のつながりだけを述べているようだが，これも患者の絶対的他者性と深く関係している。それは，予測不可能性，操作不可能性，不可知性を前提としているからである。治療者は相手も状況もわからないままそこにいて，そして相手が目の前にいるという理由だけで応答しないといけないのである。

私は以前，みずほ（仮名）という30代の女性の症例について述べたことがある（富樫，2016b）。彼女は自殺企図がひどく，普段は普通に仕事をしているが，夜になると急に希死念慮が高まり，自分でもどうしようもなくなってしまう人だった。私は精神科医とも連携を取り，いざというときには即時に入院できる体制を整え，母親とも連絡を取って協力を求めた。私と「死なない」という約束を交わすことは彼女に拒否されたが，希死念慮が高まったときには必ず精神科病院か私に連絡する約束は取り付けた。彼女が用意していた自殺用のロープは，私が預かった。しかし，さまざまな手を打ってもなお，本人にもどうしようもない希死念慮の高まりに対し，私は不安を禁じ得なくなった。結局，何度か話し合ったのちに私たちは，夜十時に毎日彼女から私に対しての定時メールを送ってもらうことにした。それによって彼女の生存確認をしたのである。この毎日のメール連絡は欠かさずに3年間続いた。

振り返ってみれば，私がみずほにそこまでしようと思った理由は，さまざまだった。第一に私は，おそらくこの患者をことのほか大切に感じていたし，人として気に入っていた。そしてまた，私は人が死ぬということに対して，私の個人史からとても敏感なところがあった。同時に私は，彼女が切実に人を求めていたことを感じていたし，彼女が必死で生

きようとしていることも感じていた。彼女が私を求めつつ，私のことを大切に扱ってくれていることも知っていた。それはみな，こうした対応をした私を発見したのちに，理由として見つけ出されたものである。みずほに向き合い，メールの提案をするその瞬間は，つまり私が私を認識する前のその瞬間は，確かにみずほの苦悩にただ応答しようというだけであった。

　この話をどこかで発表したとすると，それは「治療者のエナクトメント」だとか，「治療者の逆転移」だと言われ，場合によってはその扱いを批判されるかもしれない。しかしこのときの私の体験だけを取り出して料理することができるだろうか。このときの二人の関係は，そういった関係なのである。私はさまざまな感情や彼女の状況をアセスメントしつつ，さまざまな理論やこれまで学んだ危機介入の方法を参照しつつ，それでもなお，どうしようもない状況と，彼女のわからない状態と自分のわからない状態をとらえようとし，最善の方法と思われる判断をした。そのときに私が彼女の手を放したら，彼女が死んでしまうことは自明に思えた。その手を放すことができるほど私が冷徹であったら，それはもう，逆転移とは言われないのだろうか。このケースでは結局，みずほはよくなって，元気に過ごせるようになった。人によっては私の態度について，「結果としてよかった」というかもしれない。そうだとしたら，治療の原則を守って手を放そうとする行為もまた，結果が悪かったら逆転移になるのだろうか。

　共転移という概念は，そのときのその二人にとって，そのような関係が相互的に織りなされることの意味と価値をそのまま認めようとするものである。同時にそれは，治療者がその操作不可能性，予測不可能性，不可知性に身を委ね，その関係に本来的（authentic）に向き合うことを求めるものである。私の反応を逆転移として，それはみずほの内的な動きに反応した現象だと概念的に取り出すならば，みずほの希死念慮はどうしようもないものではなく，治療者に対する何らかの意味づけと目的

を持ったものになってしまう。治療者の応答を引き出すための何かになってしまうからである。また，私の応答を，人を助けたいという私の特性から生じたものとしてのみ位置づけたとすれば，それもまた，この治療状況において予測して制御することができるようなものだったことになってしまう。しかし，それは極めて人工的な考え方である。

第三部
倫理的転回と臨床実践

第9章　二つの間主観性理論，そしてサードとゼロ

　本章の中心テーマは，「間主観性（intersubjectivity）」という概念である。間主観性とは，精神分析的治療関係を二者の相互交流のプロセスから見る視座を提供する考え方，または感性のことである。そして両者は，第三（サード）の概念をめぐってしばしば議論を交す。二者の相互交流を追求していくと，そこにもう一つの何かが浮かび上がってくるからである。

　間主観性という用語は同じ言葉でありながら，現代自己心理学と関係精神分析では，全く異なるものを意味する。現代自己心理学と関係精神分析は，それぞれ現代の米国精神分析の大きなムーヴメントの一つで，互いに影響を与え合いながら発展してきた。広義には，どちらも関係性理論としてまとめられることもあるが，歴史的背景は異なる。その違いは特に，「間主観性」という概念の違いに表れている。そして，当然のことながら，その違いは，二者関係を越えたもう一つの何かをどのように考えるのかということの違いとなって表れる。ここでは，それぞれの間主観性理論が射程に収める二者関係と，その二者関係を越えたもう一つの何かについての違い，そして，その違いが精神分析臨床における分析家のアプローチにどう反映されるのかについて述べてみよう。

144 第三部 倫理的転回と臨床実践

I. 現代自己心理学と関係精神分析の歴史的背景

1. 現代自己心理学と間主観性システム理論

　自己心理学は，Kohut の貢献に始まる。Kohut は 1960 年代から 70 年代にかけて，自己愛性パーソナリティ障害の患者が発展させる転移の研究から独自の精神分析モデルを構築した。Kohut は，自己愛性パーソナリティ障害の患者が示すさまざまな問題は，自己体験が断片化することから生じると考えた（Kohut, 1968, 1971, 1977）。そして，その自己体験は，他者が自分をどのように体験しているのかによって左右されると考えた。つまり彼は，患者の「私」という体験は，患者個人の心の中のものというよりも，患者に対する他者の体験が反映されたものだととらえたわけである。臨床的に言えばそれは，患者の心の状態は，常に分析家が患者を体験する文脈の中にあるというモデルだとも言える。それが彼の，自己対象転移（Kohut, 1977, 1984），あるいは，自己 - 自己対象関係（Kohut, 1980b）の考え方である。これは，患者が良くなるのも悪くなるのも，分析家が患者をどう体験するかによって変わり得る，ということを暗に示している。

　Kohut とその賛同者がシカゴでそうした理論を展開している頃，ニューヨークでそれと非常に近い考え方を構築していた人たちがいた。それは Stolorow と Lachmann である。彼らは「自己愛」という現象の理解を深める中で，精神分析的二者関係をとらえる新たな視座を作り始めていた（Stolorow, 1975; Stolorow & Lachmann, 1980）。Stolorow がロサンゼルスに移り，Brandchaft と Atwood という同志を得ると，その考え方は飛躍的に展開する。それが間主観性理論である（Atwood & Stolorow, 1984; Stolorow, 2004, 2013）。ニューヨークに残った Lachmann は，やがて独自の動的システム理論を発展させる（Beebe & Lachmann, 2002, 2003, 2013; Lachmann, 2008）。

Stolorowの間主観性理論は,「観察者の主観的世界と被観察者のそれという,それぞれ別個にオーガナイズされた二つの主観的世界の相互作用に焦点を当てる」(Atwood & Stolorow, 1984, p.42) のような精神分析の臨床的視座・感性のことである。患者と分析家二人の主観的世界は,出会った瞬間から他方の主観的世界の影響のもとにオーガナイズされ,継続的に変容し続ける。彼らの理論は,そのような二者関係を前提として,精神分析プロセスを考えようとするものである。この考え方は,患者の心の状態は,常に分析家が患者を体験する文脈の中にあるというKohutの考えと非常に近いものである。あるいはこれは,Kohutの考え方をより明確に二者関係上に展開させたものである。やがてロサンゼルスの彼らと,シカゴの自己心理学者たちは共に議論し合うようになり,互いに影響を与えながら発展するようになった。

　ところで,ニューヨークに残ったLachmannは,同じニューヨークのJames Fosshage,地理的に近いワシントンDCにいたJoseph Lichtenbergと共に,動機づけシステム理論(Lichtenberg, Lachmann & Fosshage, 1992, 1996, 2010) を展開するとともに,ニューヨークで乳児と母親の実証的相互交流理論を発展させていたBeebeと共に非線形動的システム理論を発展させる。やがてこの「システム理論」の考え方が自己心理学全体に広がるにつれて,Stolorowらも自らの間主観性理論を「間主観性システム理論」(Stolorow, 2013) と呼び換えるようになる。現在の自己心理学は「システム理論」という名前を使いつつ,緩やかなまとまりを見せている(富樫, 2011c, 2013a, 2018)。

2. 関係精神分析と間主観性理論

　関係精神分析は,ニューヨークのGreenbergとMitchellが1980年代初めに対人関係論の伝統と対象関係論の双方の考え方を取り入れつつ,精神分析の理論体系を再検証する風土を作り出したことに始まる(Greenberg & Mitchell, 1983)。これは,1970年代にGillやShafer,

Kohut らが自我心理学の内部から，その機械論的，一者心理学的視点を批判し，その技法とメタ心理学の限界を主張してきた流れを受けてのものである。この時期は，従来の精神分析理論を批判的に検証し，関係性を強調する論客たちが同時多発的に現れた。それは，Hoffman（1983, 1988）や Gill（1983, 1994），Donnel Stern（1983, 1997）といった分析家たちである。先に紹介した Stolorow や Lachmann たちもそうである。彼らは，分析家が患者を理解し，かかわり，解釈するプロセスは，分析家本人の主観性または主体性の文脈の中にあるもので，治療関係のフィールドからそれを除外することはできないことを強調する。それはやがて，ニューヨークを中心に大きなムーヴメントになり，精神分析のフィールドに双方向的二者心理学の視座が広がり始める。

ホワイト研究所を中心にこのような議論が活発になっていた頃，その流れとは少し異なるところで，分析家と患者の主体性の問題を扱っていた理論家たちがいた。それは，フェミニズム心理学の Gilligan（1982）や，フェミニズム精神分析の Nancy Chodorow や Jessica Benjamin を始めとする人たちである。Greenberg や Mitchell が作ったムーヴメントと非常に近い彼女たちの考え方は，やがてこの流れに合流し，現在の狭義の関係精神分析の基礎を作る。

Gilligan（1982）は，Kohlberg（1971, 1976）の道徳性発達理論をフェミニズムの立場から批判的に検証した。彼女は，その発達理論の中で，女性の道徳性の発達が男性のそれよりも劣っているとされたことに疑問を持ったのである。Gilligan はこう主張する——Kohlberg は確かに，その道徳性発達理論を詳細なインタビューと観察から構築した。しかし，客観的な方法と根拠によって構築されたように見えるその発達段階理論は，男性優位社会の文化的色彩に彩られた Kohlberg の視座から分析されたものである。そこで得られたモデルを当てはめて女性の道徳性が低いとする結論は，妥当なものではない——。Kohlberg の道徳性発達理論では，共感や同情を優先して自分の価値観を変え，他者をケアしよう

とする態度は劣ったものとみなされる。Gilliganは女性の文化や価値観のあり方を基準にそれをとらえなおし，Kohlbergのモデルとは異なる発達モデルで女性たちの道徳性の発達を再評価した。Gilliganの倫理は，現象をとらえる視座の転換をもたらしただけでなく，他者を優先し，他者をケアしようという態度が，マゾキズムや自己犠牲ではないことを明確にしたという意味でも大きな貢献をした。

Chodorowは，ジェンダーの違いを解剖学的差異に求めたFreudの考え方に対抗し，それを母子関係から説明した人である（Chodorow, 1978）。彼女の理論的基盤は対象関係論にあった。あまり知られていないが，米国で対象関係が広まった理由の一つは，フェミニズムで有名になった彼女が，その著書の中で繰り返し対象関係論を引用したからである。彼女の主張の力点は，ジェンダーの違いは，男児も女児も母親から養育されることが多いという文化的な非対称性から生じる，というところにあった。母親という特定のジェンダーが主に子どもを養育するという状況が，男児と女児の傾向の違い——女児は他者との連続的な自己の感覚を発達させやすく，男児は他者（母親）との距離を取りたがる——となって表れるというものである。重要なのは，彼女がジェンダー自己を関係の文脈でとらえたことである。彼女はこれを関係内自己（self-in-relationship）と呼んだ。

Benjamin（1988, 1995）はChodorowの研究を批判的に拡張し，欲望の主体としての母（あるいは女性）という観点から，関係性の問題に取り組んだ。彼女は，伝統的な精神分析に含まれる「欲望の対象としての母（女性）」の考えを批判的に検証し，母親業を強調したChodorowの研究には，「欲望の主体としての母（女性）」の考え方が十分に展開されていないと主張した。欲望の対象とは，性の対象というだけではない。「自分を愛しんでくれる人」「自分を養育してくれる人」「自分を慰めてくれる人」という，子どもからみた母親という役割もそうである。それは，子どもが目の前にいる女性（人）を心の中で抽象化し表象化した何

かである。それは言わば,「子どもに所有された母親」である。精神分析は,母子関係を論じているときであっても,伝統的に「母親」という役割または「対象」についてのみ議論しており,その人が母親という役割の前に,主体を持った「人」であり「女」である,という側面を十分に理論化することができていなかった。

「主体としての母（人）」という考え方は,精神分析の発達理論に大きな変革をもたらすことになる。当時優勢だった母子関係に関する精神分析の発達理論は,対象としての母親からの分離の考え方に基づいたものだった（Mahler, Pine & Bergmann, 1975）。Benjamin から見るとこの考え方は,人間関係の発達における最も重要な側面を含んでいない。彼女の考えでは,対象としての母親を問題とする限りそれは,子どもの心の中に所有された表象の問題である。母親を諦め,分離するといっても,子どもが格闘しているのは自分の心の中の欲望ということになる。言い方を変えれば,母親と言ってもそれは,対象である限り常に操作可能なものである。操作可能なものから分離しても,目の前にいる了解を越えた相手とどのように関係を持ったらよいのかはわからない。

Benjamin（1990）は,最も重要で困難な人間の発達は,主体としての他者（母親）とどのような関係を持つのかということだと主張する。子どもは「主体としての母」に出会うと,自分の欲望を叶えてくれるという点で結びついている母親が,自分とは関係のない文脈で本人の主体的欲望に基づいて動いていることを認めなければならないからである。「主体」は「対象」と違い,「私」が相手に期待する文脈と関係なくそこにある。友達にいじめられた子どもが,家に帰って母親に泣きつこうと思っても,対象としての母は常に慰めてくれるが,主体としての母は,職場の部下が起こしたトラブルの処理のために目を吊り上げながら電話で指示を出しているかもしれないし,夕方に夫と久しぶりに出かけるデートのことで頭がいっぱいかもしれない。子どもが母親との関係において到達しなければならないのは,**母親と情緒的に結びつきつつも,その**

母親には自分の主観的世界とは関係のない主体性があり，その主体性は自分が持っている主体性と同じようのものなのだと認めることだというわけである。もちろん母親も，対象としての子どもではなく，主体としての子どもを承認することを求められる。

Benjamin（1990, 2010）は，そのように二人の人間が互いに結びつき合いながらも，互いの主体性を承認する能力や発達的目標を「間主観性」と呼んだ。彼女はChodorowの対象関係論的フェミニズムに，対人関係論的感性を加えたわけである。彼女は，フェミニズム精神分析を関係精神分析に発展させた人だと述べることもできる。

II. 二つの間主観性理論

Intersubjectivityという概念は，現代自己心理学ではStolorow，関係精神分析ではBenjaminによって主に精緻化された。どちらも，それぞれの主流派から少し離れたところにいた点で共通している。両者は，ことあるごとに対立してきた。90年代から2000年代に激しかった両者の議論は，最近になって少しずつ接近を見せているように見えるが，どちらに聞いても「私たちが接近したということはない」とそれを否定する。

1. 現代自己心理学の間主観性システム理論

Stolorowらの間主観性システム理論は，先に述べたように「観察者の主観的世界と被観察者のそれという，それぞれ別個にオーガナイズされた二つの主観的世界の相互作用に焦点を当てる」（Atwood & Stolorow, 1984, p.42）ような精神分析の臨床的視座・感性のことである。彼らは，人の心を認知・知覚のプロセスのまとまりととらえ，それをオーガナイジング・プリンシプル（organizing principle）と呼ぶ。オーガナイジング・プリンシプルは，それまでのメタ心理学が仮定してきた実体としての心のメカニズムを示す用語ではない。それは，その人のあらゆる体験

世界を可能にするものの見方のまとまりである。日本語ではそれは，一つの固定化された専門用語のように聞こえるが，英語では，読んでそのまま「組織され続けているある種の原理」というだけの言葉で，「自我」のように特定の構造を示すという語感はない。それは，前自省的（pre-reflective）なプロセスを多く含み，他者との関係の中で常に変化し続けるものという意味で organizing である。

　間主観的プロセスは，オーガナイジング・プリンシプルが二つ登場することで展開を始める。組織・再組織し続けられるこの原理は，もう一つの原理に出会うことで，互いに影響を与えつつ相互の原理を組み替えながらプロセスを展開させる。そのプロセスは，変容に開かれたオープンシステム（Stolorow, 2004, 2013）であるため，それぞれの原理において組織されたものでありつつも，間主観的フィールドの原理にも開かれ，それがフィードバックされながら双方の原理が組み替えられていく。これが Stolorow らの間主観性システム理論である。

　間主観性システム理論では，患者と分析家の心は出会った瞬間から互いの相互作用の文脈にあり，その意味では，原理的には相手の心の影響を排除した独立した心というのは存在しない。もしあるとすればそれは，病的な現象，あるいはトラウマ化された状態である。したがって，厳密に言えば，治療関係は「二者」関係ではない。物理的な存在としての「二者」は関係を形成しているが，心理的プロセスの水準で見れば純粋な二者はそこに存在しないからである。その意味でこの理論は，それ自体が第三のフィールドについての理論である。次に述べる Benjamin も含め，Ogden などさまざまな人が「第三（サード）」という概念を使うことを好むが，Stolorow らの間主観性システム理論は「第三（サード）」という概念を用いない。それは，その理論自体がすでにその概念を含んでいるからだろう。原理的な意味で「二者」が存在しないこの理論では，「二者」から区別された「第三」も理論上存在し得ない。むしろ彼らが重要視するのは，「脱中心化」された視座である。間主観的な状況にあ

る治療者は，その二者関係構造に組み込まれているため，治療者が自身の主観的世界のオーガナイジング・プリンシプルから脱中心化し，それによって患者と治療者の体験の意味合いを共感的にとらえようとする能力を持てなければ，そこに生じている現象をつかむことができなくなってしまうからである（Atwood & Stolorow, 1984）。

2. 関係精神分析の間主観性理論

Benjaminらの間主観性理論は，関係を構成する二者が，互いに独立した主体性を持つ存在であることを認めたうえで，人間どうしとしてどのようにやっていくのかを模索するプロセスを概念化したものである。Benjamin（1990）は以下のように述べる。

> 間主観性は，西洋哲学や西洋科学の多くを占めている主体・客体の二分法に対比されるものとして，慎重に考えられたものである。それは，他者を自我のニード／衝動，あるいは，認知／知覚の対象とみなすだけでなく，対等で独立した自己の中心性を持つ存在とみなす体験や理論の領域のことである。
>
> 間主観性理論は，自己が他者の前で自分の主体性を十分に体験しながら，他者をもう一人の主体として承認することを前提としたものである。これが意味するところはこうである。まず，私たちには承認されたいというニードがある。そして，一方で私たちは，他者を承認する能力がある——これが相互承認である。しかし，承認は個人が発達させる能力であり，そこには力の差も生まれる。
>
> （Benjamin, 1990, p.35）

Benjaminの間主観性理論（intersubjectivity）のsubjectivityは，日本語では「主観性」というよりも「主体性」とする方がその語感に近い。主体性は，他者の主体性の文脈に必ずしも影響を受けないその人独自

の心のプロセスと定義される。これがオーガナイジング・プリンシプルとの決定的な違いである。Benjamin らの間主観性理論は，「私」と「他者」の出会いである。ここでいう他者は，「私と同じように，主体性を持った別の人」を意味する。つまり，私の主体性の文脈から離れたところで独自の心のプロセスを働かせて存在する人である。ここでいう間主観性とは，そのような出会いの中で，両者が，相手にも自分の主体性とは異なる文脈にある主体性があることを認め，それに対して一方が服従するのではなく，相互に折り合いをつける（negotiate）ことを達成することである。したがってそれは，一つの発達的能力でもある。「お母さんだから」「お母さんなのに」という子どもの体験は，母を他者として認識していない。母は母である前に女であり，そして人である。「お母さんだけど，自分と同じように自分の欲望があるのだ。お母さんも人なんだ」という発達的達成は，甘えの文化とみなされる中にある日本人には特に重要だともいえるかもしれない。

　Benjamin は，最近になって Stolorow たちと近い二者関係プロセスについて言及するようになった。二者の主体性が出会い，相互にその主体性を変えないままかかわり続けるという二者関係の中に，互いの主体性をある程度あきらめたり，開放したり（letting go）しながらかかわるプロセスがあると述べるようになったのである（Benjamin, 2004, 2007, 2018）。それが「第三（サード）」である。徹底的に二者（二つの他者／主体）を追求してきた Benjamin も，その結びつきを本格的に論じようとしたとき，サードという概念が必要となったのである。

III. 第三の領域

　Benjamin のサードはどのような概念だろうか。彼女のサードを理解するには，Ghent（1990）の「服従（submission）」と「サレンダー（無防備になること，身を委ねること：surrender）」を理解する必要がある。

Ghentは，人が自分を犠牲にして他者を優先する関係性について，マゾキズム，服従，サレンダーを区別して説明している。マゾキズムは自己の快楽のために他者を優先する関係性である。服従（Submission）は，自分の主体性を放棄して他者の主体性に従属する関係性である。サレンダーは，流れに身を委ねることで自分が自由になることを意味する。サレンダーには「降伏」のイメージがあるが，ここでは肯定的な意味で使われている。それは武装解除をして相手に身を預けるが，相手に従属するのではなく，自分の主体（主権）を維持したまま自由になるといったもので，Ghentはこれを東洋的な思想に基づく概念だと述べている。日本語の「覚悟」にはこのような心性が含まれているかもしれない。Benjamin（2018）は，Ghentのサレンダーを「自己をある程度あきらめる（letting go）ことを意味するだけでなく，他者の見方や現実を取りいれる（take in）能力も含んでいる……物事をコントロールし強要しようとするいかなる意思からも自由になることを意味する」（p.23–24）状態と定義する。

　Benjaminの理論では，二人の人間が出会ったときに，互いが互いを自分の欲望の対象として扱う関係を発達的に未熟なものととらえる。彼女は，互いが自らの欲望の主体でありつづけながら，相手と情緒的関係を結ぶことを理想とした。彼女はそれを，互いが互いの主体性を承認する弁証法的止揚のプロセスと考える。

　しかし，この考えに対しては，いくつかの批判が向けられた。Baraitser（2008）は，Benjaminは母親の主体性を強調しすぎると批判した。彼女は，母親は泣いている子どもを見れば，**母親という役割や自身の主体性を認識する前に**，手を出してあやしてしまうものだと述べる。目の前で転んだ人を見れば，自分の主体性を殺すとか，殺さないとか言う前に，思わず手を出してしまうのが人だというわけである。それは，「対象としての母親や主体としての母親以前の人としての存在」の考え方である。近年の乳児研究もまた，Benjaminの考え方が不十分で

あることを明らかにした。近年の乳児研究は，母親と乳児は，生まれた時から（生まれる前から）相互に調整しあう能力を有していて，常に自分を相手に調律しつつかかわりを持っていることを明らかにした。それは，相互交流調整やマッチングといった現象である（Sander, 1983, 1985; Beebe & Lachmann, 2002, 2013）。つまり，二者関係には，相手と自分の主体性を調整する側面が含まれていることが実証的に示されたわけである。Benjaminはそうした考えを，自分の理論に統合する必要に迫られた。

　Benjaminは特に，「臨床的行き詰まり」の問題を扱うときにそれを必要とした。彼女は臨床的行き詰まりを，治療的二者関係が，やるかやられるか（doer and done-to）や，二者択一（Complementarity, Benjamin, 2004）の関係性に陥った状態と考える。これは，二者がどちらも譲らない形になり，互いが自分の主体性の優位性や正しさを証明することだけにこだわり，関係が変化しなくなってしまう状態である。両者の主体性がそのままそこにあるという意味で，彼女はこれを two-ness と呼ぶ。やるかやられるか（doer and done-to）の関係は，そういった関係性においても特に，加害者と被害者が入れ子になった関係を意味する。それは，加害者は実のところ被害者でもあり，被害者だと体験している側は実は加害者とされた側の主体性を殺す加害者でもある，といった関係である。Benjamin は以下のように述べる。

　　二者択一的関係性―― twoness の関係性――の本質は，そこに二つの選択肢しかないように見えることである。そこにあるのは，他者の要求に服従するか，抵抗するかのどちらかだけである（Ogden, 1994）。典型的には，二者択一的関係では，二者のどちらもが，そこに生じている現象についての自分の見方を唯一の正しいものだと考え（Hoffman, 2002）――少なくとも，その二つの見方は全く相いれないもので，「狂っているのは自分かお前か」の関係に陥る。
　　　　　　　　　　　　　　　　　　　　　　　（Benjamin, 2004, p.10）

「やるかやられるか」モードでは，積極的に傷つける側は，必然的に無力な位置におかれる。この言葉の本質的な意味において，私たちの主体としての自己感覚は，私たちが私たちの「被害者」とともにあるときにこそ，骨抜きにされてしまうのである。「被害者」は傷つけられている対象としてそこにあることで，加害者を支配することになる（Benjamin, 2004, p.11）

　私の経験では，このようなことがあった。30代の男性患者は，治療開始当初は非常に従順で，彼は，私のコメントにすべて同意した。しかし彼には，自分は人に嫌われているに違いないという強い思いがあった。彼はやがて「先生は私を嫌っている」と主張するようになる。彼は，私が数回のセッションにわたって，終了を告げるとともに「ふーっ」とため息をついたというのである。そして彼は，それは，私が彼のセッションにうんざりしていて，彼を嫌っている証拠だとした。私はそれを聞き「ため息なんかついたかな？」と疑問を覚えた。そして，「記憶にないが，もしそうだとしても，自分は別に彼を嫌っていないのにな」と思った。それから私は彼に対して，「私があなたを嫌っているというように見えるのは，あなたの中で私がどんな存在になっているということなのでしょう」と尋ねた。彼はそれを聞いて，「先生は私の認識がおかしいというのですか」と語気を荒くする。何度かそのようなやり取りを繰り返すうちに，治療関係は，「先生は自分を嫌っている」という彼の確信と，「私は別に嫌ってないし，仮にそうだとしても自分のため息にそのような意味はない」という私の確信との二者択一の関係に陥った。これがtwo-nessの状態である。

　Benjaminはまた，同様の膠着状態の中で，治療者が何も言えなくなってしまう状況についても言及している。それは，患者の主張に対しておかしいと思っていながらも，何か言うと患者の主観的世界を壊してしまうと感じ，黙ってしまうような場面である。彼女はこの状況を，治療

者が自分の主体性を殺し，患者の主体を守るためだけの関係に陥ったという意味で one-ness と呼ぶ。

　先ほどのケースで言えば，彼があまりも強く「先生は自分を嫌っているに違いない。ややこしい自分なんかを引き受けて後悔しているに違いない」と主張するようになると，私は何を言っても無駄だと思うようになる。そして，幼少期に父親に捨てられ，母親からもほとんど顧みられなかった体験があるという彼のことを考えると，彼が自分に好かれていないと思っても不思議ではないとも思った。私は彼にとって，両親と違って彼の意見を第一に考えてくれるかもしれない対象として存在する以外道がないように感じた。彼の世界で加害者とされた私は，自分を加害者だと思えば思うほど，主体性を放棄しなければならなくなった。彼は被害者であることで，私を加害する立場にもなったのである。結局押し黙ってしまった私は，彼の中の対象としてのみ存在し，自らの主体性を殺した。その意味でこの関係は one-ness なわけである。

　Benjamin は，この膠着状態を乗り越えるのが，サードへのサレンダーだと主張する。結論から述べると，Benjamin（2018）の考えは以下のようにまとめられる。

1. サードは精神分析的二者がサレンダーするもので，それによってメンタルスペースが作られる。これはある種の承認であり，互いに違いがあり，分離していながら，相手の心と結びつく作業を意味している。
2. サレンダーは，自分の主体性が他者によって修正されるプロセスを含むが，主体性を無くしたり，相手の主体性に従属したりすることではない。そこでは，自分が生き残ることができる。
3. 相互承認は，サードネスの空間に不可欠である。私たちは，相手にサレンダーするのではなく，相互承認によって作られた空間にサレンダーするからである。

先に述べた例で言えば，あまりにも患者が「先生は私を嫌っている」と確信をもって言い続けるので，私はとうとう「そんなに嫌われていると思うのならば，どうして私のところに来続けるのですか」と言ってしまう。彼はすると，「先生の本を読んだからですよ。先生本人は信用できないですけど，先生が本に書いたことはすごいと思うのです」と言う。私は狐につままれたような思いになったが，褒めてくれてはいるようなので，どんなところがよかったのかと尋ねた。彼はそれに対して詳しく説明してくれた。それからというもの彼は，私の本のどこがよいのか，あるいはどこが不十分なのかなど，事細かに説明してくれるようになった。

　私は時折彼に対して，私のことをどう感じているのかと尋ねるが，彼はやはり「先生は自分を嫌っている」と言う。それを聞くと私は「まだそんなことを言っているのか。自分は彼を嫌っていない」とやはり思うし，ときにはそのように口にする。しかし，本の話に戻ると，彼はいきいきと私の本を解説してくれる。私は，「結局この人には，私の気持ちは全く伝わらないのだ」と，彼の感じ方自体が変わらないことを認識した。彼もまた，結局，私が彼を嫌っていないという確信を持つことはできなかっただろう。しかし私は，彼には私の気持ちはわからないが，私の考えはわかるようだと感じ始める。彼も私には彼の気持ちはわからないだろうが，彼が私の本について理解したことは伝わるようだと思っただろう。両者はそこで，相互に折り合いをつけられる領域を共有するようになったのである。母親と互いの考えを伝え合う機会を持たなかった彼は，治療者との体験の新しさに感動を覚えたようだった。

　ここでは，私たちが私の本の内容について話し合うという作業が，サードになっていた。二人はそのような作業をすることができる空間に身を委ねた。私には迷いがあった。本について話し合うというのは，ある種の抵抗であり，分析的に扱うべき問題を棚上げする「共謀」とも理解

できたからである。一者心理学的に見れば、彼の見ている現実「先生は私を嫌っている」は分析され、治療者の現実に統合されなければならない。そのためには、私の主張「私は彼を嫌っていない」を彼に認めさせなければいけない。しかしそれを認めさせようとする治療者の思いそのものが、やるかやられるか（doer and done-to）の膠着的関係を作った。そのような文脈において、どちらか一方、あるいは両者が自分の主体性を放棄することなく、しかし相手の主体性を承認できる領域として登場したのが、私の本について話し合う空間だった。私たちはそこにサレンダーしたのである。Benjamin はこう述べる。

> サード、最近人気を博しているこの概念は、理論家によって異なる意味で広く用いられている。ある分析家はそれを、個人が仕事をするうえでの専門性やコミュニティ、理論——個人が心のうちにとどめておく何かで、二者関係の外側にもう一つの参照枠を生み出すことを意味するものとして使っている。しかし、多くのものがサードとしての役割を果たすからこそ、私はここでサードとしての役割を果たす何かについて述べようとしているのではなく、それを用いる一つの心的能力について述べようとしている。サードネスは、一つの心的スペース、つまり、間主観的関係の性質と考えておくべきだろう。というのもサードは、理論やテクニックのルール、分析家が自分の自我と共に保ち続けるべき超自我的格率や理想とは区別される必要があるからである。分析家はしばしばそうしたものに、藁をもつかむ思いでしがみつく。しかしサードネスの空間では、私たちはサードにしがみつくのではなく、Emannuel Ghent が述べるように、そこに身を委ねる（surrender）必要がある。
>
> （Benjamin, 2007, p.1）

Benjamin のサードは第三の主体ではない。また、観察可能な何かを

直接意味するわけではない。私の例で言えば書籍はサードではない。彼女はそれを「observing third」と呼んで，彼女が考えているサードの本質とは区別する。私の例で言えば，二人がそれを媒介に話し合う空間がサードである。それは，二人の関係の中に生まれた，双方の主体性をほどほどに承認しあいながら関係を結ぶ空間である。二者がサレンダーするのは，その領域に対してであって，書籍に対してではない。

　彼女は，自らの考え方をOgdenのサードと区別している。彼女からすればOgdenのサードは，共構築されたもう一つの主体で，両者が明確に知りえない領域に知らない間に浮かび上がった関係のパターンである。そのパターン自体が，それぞれの主体性によって動かなくなった二者関係をある方向に導く力を持っている。Benjaminは，そのような考えは，サレンダーというよりも，二者に服従を求めるものだと批判する。彼女はそれを，二者が仕方なく受けいれるものという意味で，「従属のサード（subjugating third）」と呼ぶ。

IV. 精神分析的ゼロ

　先に私は，Stolorowらの間主観性システム理論は，第三の領域を仮定する必要がないと述べた。それでは，Stolorowらの間主観性理論は，治療的行き詰まりをどのように見るのだろうか。

　Stolorowらは，Benjaminのように，治療的行き詰まりを主体と主体のぶつかり合いとは見ない。彼らは「間主観的へだたり（intersubjctive disjunction）」と「間主観的つながり（intersubjective conjunction）」という概念でそれを理解する。詳しくは次章で述べるが，前者は，治療者と患者があまりにも異なるオーガナイジング・プリンシプルを持ち込んだために，相手の体験をとらえられなくなる現象である。後者は，治療者と患者のオーガナイジング・プリンシプルが似通っているために，他の重要な側面，特に病的な側面が見えなくなってしまう現象である。

Stolorow らは，こうした治療的行き詰まりの中でも，「間主観的つながり」の問題を重視する。前者は治療者に問題が見えやすいが，後者は見えないことが多いからである。

　私はこれらに加えて，もう一つの治療的行き詰まりの形として「間主観的タブー」（Togashi, 2016）という概念を提唱した。間主観的タブーとは，互いにある問題を意識していながら，関係が脆弱な方向に揺らぐことを恐れることから，両者が言葉にできなくなることである。たとえば第5章で述べたような，児童期のやけどで顔半分がケロイドになった20代後半の女性みゆきとの精神分析的心理療法の例がそうである。彼女は自分の顔について，最初のセッションで説明してくれたが，それ以降長期間にわたってセッションでその問題を深く掘り下げようとしなかった。私も，簡単には触れることがあったが，それ以上深く顔について言及することはなかった。私は彼女が，私からどう見られているのかを気にしていたのを知っていたし，彼女は私が，それを気にしていることを知っていた。しかし，二人ともそれをテーマとして話し合うことはなかった。二人の間にそれは，タブーとしてずっとあった（Togashi, 2016）。

　Stolorow らの間主観性システム理論は，それぞれが影響を与え，与えられ続けている二つのオーガナイジング・プリンシプルのシステムについての理論である。オーガナイジング・プリンシプルは，情報処理と参照枠の偏り（個性）とも言えるだろう。偏りどうしが相互に影響を与えることによって，その関係性のフィールドが展開する。それはある一つの側面とある一つの側面とのつながりというよりも，情報処理が活発になされる側面どうしが相互に互いを照らし出し合いながらフィールドを展開させる様子と見なすことができる。しかしその分，両者の偏りの個性が関係の個性を形成し，そこに見えない側面や触れられない側面を創り出す。間主観的つながりや間主観的へだたり，間主観的タブーは，間主観的フィールドにそのような状況を作るわけである。

二つの独立した心が出会う領域を仮定しない間主観的フィールドにおける見えない側面は，実体化され得るある区別された区域を意味するものではない。それは，二者の関係の中に，二者とは区別された何かとして別に浮かび上がる第三の領域ではない。むしろそれは，治療関係が，システムの総体として十分に動いていない状態と記述する方が適切である。そういった意味で私は，そこで両者に見えなくなっていたり，触れられなくなったりしている側面は，それ自体が，総体としての間主観的フィールドそのものであると考える。そこには，区別された二人がいないのと同様に，見えている側面も，見えていない側面も，それはすべて，フィールド全体とイコールである。治療的行き詰まりとそれが動き出す瞬間は，三番目の何かが浮かんだというよりも，その両者の関係性そのものがあるモーメントにおいて見えるようになっただけのものである。その意味ではそれは，両者の出会いそのものでもある。私は，出会いの原点でもあり，それがすべてを意味するそれを，ゼロと呼んでいる（Togashi, 2017c, 2017e）。

　先ほどの女性みゆきの例で見てみよう。第5章で示したように，みゆきは心理療法を始めて数年経った頃，私を正面から見据え，決意したように「私は，醜いですよね」とはっきりとした口調で尋ねた。一瞬のうちにあらゆる応答の方法を考えた私が何も考えられなくなったとき，私は黙ったまま首を縦に振った。それしか方法がなかったのである。彼女は確かに傷があったが，とてもきれいな女性だった。しかし，彼女が聞いているのはそういったことではないことも知っていた。彼女は，二人の間にある現実を認めるのか認めないのか，正面から私に問うたのである。私はその中で，すべての価値観や，分析的手続き，自分や彼女の思いや傷つきをすべて忘れて，ただその状況に対してうなずくしかなかった。私たちがそこで問題としていたのは，顔の傷そのものではない。それは，私たちがそのように出会ってしまったということ自体である。

　彼女に自分の顔が醜いかと尋ねられる直前まで，私が感じていたのは

罪悪感だった。それは自分の顔には傷がないことについての罪悪感だった。私は自分の中で,「トラウマ化された患者」と「トラウマ化されていない自分」といった形に分けていた。そうすることで私は,この世の中自体が持つ非情さを彼女と共有することを避けていたのである。彼女に質問されたことによって私は,顔に傷を負ったのが自分の方だったかもしれないことを自覚した。世の中の悲劇は偶然性にある。彼女が傷を負ったことに理由はない。彼女が傷を負う人として選ばれたことを説明できる人はいない。言い方を変えれば,顔に傷を負っていたのは私だったかもしれないのである。つまり彼女と私は,世の中の偶然性という一点においてその苦しみを共有することが可能だった。しかし同時に,私は,彼女の痛みを理解することは自分には不可能であることにも気がついていた。どんなに想像しようとしても,彼女の痛みは同じようになってみなければわからないのである。私と彼女がすべての思考や感情を停止していたその瞬間は,私たちの出会いの原点であり,同時に私たちの関係のすべてだったのである。私は,この瞬間の私たちのやり取りを「精神分析的ゼロへのサレンダー」(Togashi, 2016, 2017c, 2017e) と呼んでいる。

　ここで私が述べているゼロとは,精神分析的二者の役割,主体としての認識,そして,両者の出会いの役割や認識より前にある,出会いの偶然性 (Togashi, 2014a) そのもののことである。ゼロは,役割や主体や関係の認識が何もない領域であるとともに,出会いのすべてを意味している。そしてそれは,空間であるともに,長さのない時間でもある。このような考えのもとでは,私たちがサレンダーするのは,二人の関係に浮かび上がる三番目の何かではなく,自分や治療的手続き,形式などをすべて忘れたゼロの瞬間だと理解することができる。

第10章　関係の行き詰まりと倫理

　私が以前みていたある男性患者は，自分からは何も話せないと言って，セッションでほとんど喋らなかった。その理由を探索すると彼は，自分はテーマを決められない人間だからだと言う。彼は，毎回私が質問をするか，自分についての私の意見や考えを語ってほしいと望んだ。私は自分から質問をすることは適切なのかと悩んだ。彼はセッションの開始時さえ，私から話を始めてほしいと願ったのである。私は，彼が何を話したいのかわからない状況のまま，自分から話題を決め，進めていくことを求められた。そういったことは，私にはほぼ不可能なことのように思われた。セッションは，彼のために彼についての話をする場所だと思ったからである。
　私は仕方がなく，この患者は極めて乏しい主体性を持った人だという診断の元，できる限り私から話題を決めたり，質問をしたり，意見を言ったりしながら進めた。しかし，私が質問をしても，結局は一問一答のようになってしまい，話は広がっていかなかった。私がコメントをしても，「それは少し違う。先生は私のことがわかっていせんね」と言われるばかりだった。私は結局，患者には自分がすべき話の内容や展開を他人に任せる傾向があり，その意味を探索する必要があるのではないかと伝えた。彼はそれに喜んで同意するものの，その探索を行うにしてもまた，私から質問をするか，意見を言わなければならなかった。困りかねた私が，患者の気持ちや考えをまず教えてほしいと伝えると，「わからない。わからない」というばかりだった。二人の関係は，そのまま数か

月膠着した。

　職場の人間関係の問題を訴える別の患者は，いつも上司の悪口を言っていた。それを聞けば聞くほど，私には上司がひどい人に見えてきた。弱々しく自分は被害者だと語る小柄な初老の女性患者だったため，私には，彼女が上司に振り回されるままの脆弱な人に思えたのである。私と彼女は毎回その上司の話で盛り上がり，彼女もそれに満足して毎回帰っているようだった。しかし，この症例について私が同僚とのスーパーヴィジョンで話し合っているときに一つのことが話題になった。それは，長い治療関係の中で，私が何かの都合で予定を変えてもらいたいと希望しても，彼女が一度も自分の予定を合わせたことがないことだった。一方で彼女は，自分の予定でレギュラーの時間に来られないときには，私がどんなに忙しくても他の時間を取ってほしいとかたくなに主張した。彼女は，自分がとてもかわいそうな立場にいるのだと，弱々しい態度で訴える。そこで私はつい無理をして引き受けてしまう。しかし，私が彼女に何かをお願いすると，彼女は，自分はいつも無理をさせられる被害者だという主旨の話をし，恨めしそうな態度で私の前で口をつぐむのである。私は，この現象をスーパーヴァイザーと話し合う中で，ようやく，彼女の中に隠れているある種のかたくなさ，ある種の強さを認識するようになった。治療関係は彼女のそうした側面を隠す形で組織されたまま進み，その側面は変化することなく残っていたのである。

　精神分析では，学派を問わず，このような現象を「治療的行き詰まり」と呼ぶ。それは，治療関係が変化しない状態で膠着し，患者が治療を中断するわけでも，状態が極端に悪化するわけでもないまま，関係が継続する現象である。患者の状態は緩やかに悪化していくか，あるいは，良くも悪くもならないまま時間だけが経過する。その現象には，ここに述べたように，患者と治療者がかみ合わない議論を続け，互いに不快感ばかりを高めるものもあれば，ある種の肯定的な感情を共有したまま関係がだらだらと続くものもある。このような体験は，一定以上の臨床経

験を持った者ならば，多かれ少なかれ何らかの形で体験しているだろう。これは，どんなに経験を積んだ治療者であっても，患者がどれほど協力的であっても生じるもので，精神分析的治療関係は常にそのような関係にはまり込む可能性を内包している。

　私たち臨床家は，このような現象に陥ったとき，何をどのようにとらえ，その現象に対してどのようにアプローチできるのだろうか。一者心理学的視座に基づく伝統的精神分析は，このような場合，治療者が患者の病理を診断し，それを解釈することで患者を変化させることを勧める。それを代表する言葉には，「コンプライアンスが悪い」とか，「治療者の解釈への抵抗」とか，「陰性治療反応」などがある。彼らにとって行き詰まりの原因は，自分に求められていることを理解できない患者の洞察力の乏しさや，自分が変化することよりも治療者の考え方に挑んで勝利することにこだわる自己愛的問題，あるいは，自分がよくなることに対する無意識的罪悪感といったものである。

　しかし，私たちの臨床経験が教えてくれるのは，このようなアプローチが功を奏することが少ないことである。ここに示した例でいえば，一番目の患者にこのようなアプローチをとったとしても，彼は「わからない，わからない。先生は自分に無理な要求をする」と言うばかりだろう。二番目の患者も同様である。もしこのようなアプローチをとったら，彼女は「先生は私を苦しめる」といって恨めしそうな顔でぶつぶつと文句を言い続けるだけだろう。どちらも状態をより悪化させるだけであることは，容易に想像できる。一者心理学モデルに立つ治療者は，そのような場合でもある意味では困ることがない。そのようにアプローチをして患者が悪化する場合でも，それもまた「コンプライアンスの悪さ」や「治療者の解釈への抵抗」，あるいは「陰性治療反応」と理解すればよいからである。それは決して治療者の失敗になることがない。ただ問題なのは，状況が一向に変わらないことである。

　一方で，自己心理学が主張するような患者への共感的態度や，関係論

が主張してきたような「共謀」の解釈が，伝統的精神分析の抵抗・転移解釈より有効かというと，それほど明確に優れているわけではない。確かに自己心理学や関係論のそのような見方は，伝統的精神分析にない理解を提供したが，関係が行き詰まりに陥ったとき，それを解消するのが難しいのは同じである。先に例として挙げたような患者で言えば，治療者が共感的でいようと努力しても，両者の関係が作り出した共謀を解釈しても，「だから，何なのですか」となるだろうし，簡単に変わるものではないことは，これもまた容易に想像可能である。

　本章では，こうしたことを踏まえ「行き詰まりのとらえ方」と「行き詰まりの理解」，「行き詰まりにおける倫理的対話」といった内容について論じる。この議論は，関係性のプロセスモデルと倫理的転回の関係を明らかにするものでもある。臨床家が持つ関係性や間主観性の感性が，どのような意味の倫理性を含んでいるのかについて述べてみたい。

I. 行き詰まりのとらえ方

　臨床家が行き詰まりを二者関係フィールドの中でとらえ，それに対してアプローチしようとするとき，彼らはまず診断をする。それを見立てと呼んだり，アセスメントと呼んだりすることもあるだろう。いずれにしても一般に精神分析や心理臨床，あるいは精神医学の中では，診断とは，治療関係に展開するさまざまな現象や問題から患者の心の中にある病理を推測し，その力動的構造を明らかにし，解釈することで，患者の認知・情動システムに変化をもたらし，その結果として病理の解消を導き出そうとする作業とされる。それは，二者関係に現れた問題を，閉じられた一つの患者の心の中に還元しようとする作業と言うこともできる。

　しかし，「診断」という言葉は決して，患者の心の問題だけをとらえることや，問題を患者の心に還元することを意味するわけではない。Merriam-Webster Dictionary 第 10 版（1996）は，diagnosis（診断）を以

下のように定義する。

1. a．兆候や症状から病気を特定するアート，または行為
   b．診断によって得られる決定・医師の診断
2. 生物学：簡潔な技法的分類記述
3. a．状態，状況，あるいは問題または性質の調査または分析・エンジントラブルの分析
   b．そのような分析の記述や結果

(Merriam-Webster Dictionary 第10版, 1996, p.319)

「診断」の対象は，個人の問題や病理だけではない。「診断」という行為は，問題を個人に還元する作業だけではない。診断の対象を患者個人とするか，診断という行為の中で現象を患者の問題に還元するかは，治療者が診断をどのように運用するのかという問題であって，診断の本質ではない。診断の対象を関係性そのものにすれば，あるいは，二者関係を含むより大きな関係システムやフィールドとすれば，それはそのような診断になるし，とらえた現象を個人の問題に還元することをその行為とするのではなく，関係システムの表現として描写することをその行為とするなら，それはそのような診断となる。このような考え方に立つと，診断をする際に治療者が重視しなければならないものが変わる。そこではもはや，治療者が理解・解釈した内容の妥当性や正確性は問題の中心ではない。診断の妥当性や正確性を気にするという治療者の心構えも含めて，診断をするというプロセスを追いかける視座を持ち続けられるかどうかということが問題の中心となる。

精神分析の「理論は，治療で何が起こっているのかについていつも説明できるわけではない——ものによっては全く説明できないものもある」(p.8) と述べる Bacal (2011) は，従来の精神分析のメタ心理学理論やそれに基づく治療技法論は，精神分析療法における治療効果や治療

作業を説明する理論になっていない可能性があると主張する。心の構造モデルよりも治療効果に注目する彼は，精神分析療法という治療行為と精神分析の心の理論とが必ずしも結び付いていないと述べるわけである。そこで彼は，これまでの心のモデルとは全く異なる次元から治療プロセスをとらえる理論が必要だとして，特異性理論を打ち出した（Bacal, 2011）。

　Bacal（2011）によれば，特異性理論とは，治療プロセスの中にある治療者が，患者の状態やニード，自分の状態やニード，そしてその両者がオーガナイズする関係性のあり方を**理解するという自分の作業を理解する水準**で概念化されたプロセス理論である。それは，「何を理解するか」ではなく，「自分がそのように理解するということがどのようにその関係性に立ち現れるのか」を記述する理論である。自分からは何も話せないと言い，治療者に話をしてほしいと願う男性患者の例でいえば，彼が話をしない理由や私が彼の要求に応じた理由を理解することを狙うのがプロセスモデルではない。「患者には主体性の乏しさがある」とか「患者の中には悪い対象表象がある」とか「患者には理想化自己対象ニードがある」といった理解もまた，プロセスを理解する視座ではない。さらにまた，「治療者が失敗を恐れてあまり自分の意見を言わなかったので，患者は主体性を出せなくなった」とか，「主体性の乏しい患者は，治療者を操作することで主体性を発揮した」という理解も，プロセスを理解する視座ではない。Bacalが重視するプロセスモデルでは，男性患者と私との関係は，たとえば以下のように記述される。

　　患者は治療関係の中で主体性をあまり示さなかったが，それは，治療者が失敗を恐れて発言を控えていたことが影響していたかもしれない。治療者が自分の失敗に敏感になったのは，患者が治療者には自分を失望させないようにしてほしいという強い思いを持っていたことを治療者が感じ取っていたからかもしれない。そこで治療者が

その恐れから結果的に発言を控えるようになったことは，両者の関係から弾力性を奪ったかもしれないが，同時にそれは，治療開始当初はまだ互いの情緒的交流に自信を持てなかった両者にとって，比較的安定的な関係性として選択されたものともいえる。しかし，時間の経過とともにその関係性が膠着し，治療者の発言の少なさは，患者にとって過去の外傷的体験の一部として認知されるようになり始めると，そのような側面で関係を維持する両者にある種の緊張状態が生まれ，患者と治療者は身動きが取れない自分たちの関係を動かそうとし始める。しかし患者は，自分をオープンにすることでさらなる外傷体験を生み出す予測を発展させたため，治療者が自分より先に発言することを求めたが，治療者はまだ，自分が何か発言することで失敗をするのではないかという恐れを抱いていた状態にあり，その恐れを誘発する患者という意味で患者を厄介に感じるようなった可能性がある。そして，治療者は自分の意思に反して患者の要求に応えて自分から話をするようになるが，それが可能になったのは，「この患者は厄介だから」という理解・診断をしたからかもしれない。自らの主体性を折り曲げてまで患者に応じる上では，治療者はどうしてもそのような考え方を必要とした。

　関係性や関係システムを診断するということは，具体的には，二者関係プロセスをとらえ続けようとする感性を持ち続けるということである。誤解を恐れずに言えばそれは，患者の「心」を診断しようという感性ではなく，関係性の中にある現象が生起するプロセスを記述し続けようという感性である。第1章で述べたように，そのような視座は，考えてみれば臨床に携わる者ならば，多かれ少なかれどこかで行っている作業だが，不思議なことに現代の米国精神分析でもあまり強調されていない。それは，非線形のシステム論的視座を導入したMcWilliamsの診断マニュアルの改訂版（2011）でも，二者心理学的視座を導入したPDM2

(2017) でも同様である。

　こうした立場は，1980年代に米国の精神分析に興った「関係性への転回」というムーヴメントから発展したものである。そのムーヴメントは現在まで続く大きな流れとなって，米国の現代精神分析を形作ってきた。それは，精神分析内部からの精神分析理論の批判的検証である。そこでは，治療構造や治療スタンス，メタ心理学，発達，治療要因，精神分析の定義，転移や抵抗の考え方など，精神分析を形作るすべての要素が再検証された。その中で彼らは，機械論的医学モデルによる一者心理学から脱却し，精神分析治療関係を二者心理学的，双方向的プロセスとして描き直した。彼らは，治療関係に展開するさまざまな現象や問題を患者一人の問題に還元することは不可能だと考えた。治療者が完全なブランクスクリーンになり，中立性を維持することが不可能であることが，さまざまな研究から実証されてきたからである。その中では，治療関係に浮かび上がった現象はどのようなものであっても，患者個人の閉じられた心の中の何かが表現されたものではなく，精神分析的関係を構成する二者の関係性に展開するプロセスだと理解される。

　関係性への転回を力強く推し進めてきたさまざま理論の中でも，行き詰まりの問題により明確なスポットライトを当てて議論を進めてきたのが，前章で詳述した自己心理学に親和性の強いStolorowらの間主観性システム理論と，関係精神分析の流れに自らを位置づけるBenjaminの間主観性理論である。どちらも行き詰まりという現象を関係プロセスの死角という観点から理解しようとするが，間主観性理論はそれを「intersubjective disjunction」と「intersubjective conjunction」という概念を用いて説明し，関係精神分析は「doer and done-to」や「complementarity」という概念を用いて説明する。

II. 行き詰まりの理解

1. 間主観的つながり

　前章で述べたように，精神分析状況を主観性と主観性の相互的な影響によって絶え間なくオーガナイズされ続けるシステムととらえるStolorow & Atwood（1992）は，行き詰まりを「間主観的へだたり（intersubjctive disjunction）」や「間主観的つながり（intersubjective conjunction）」という概念からとらえようとする。

　行き詰まりの中で組織される「間主観的へだたり（intersubjctive disjunction）」は，関係のフィールドに治療者と患者が異なるオーガナイジング・プリンシプルを持ち込んだために，相手の体験をとらえられなくなる現象である。Lewis Aron（2006）は，スーパーヴァイジーが体験した行き詰まりの例を挙げる。スーパーヴァイジーの患者は，2001年にニューヨークで起きた世界貿易センタービルテロ事件に触れ，自分は人が死ぬのが楽しくて仕方がないのだと述べた。それは治療者を怖がらせようというものでも，ふざけているのでもなく，本当にどうしてもそのように思ってしまうというものだった。それに対して治療者は，何とかその患者の体験を理解しようとしてもがくが，どうしてもその体験にアクセスすることができない。彼女は，自分が治療的展開を作り出すことが不可能であるように感じてしまう。これは間主観的へだたりのわかりやすい例だろう。

　一方，「間主観的つながり（intersubjective conjunction）」は，治療者と患者のオーガナイジング・プリンシプルが似通っているために，他の重要な側面，特に病的な側面が見えなくなることである。それによって関係性は膠着し，二人の関係が良い場合でも悪い場合でも一定の関係のまま変化しない状態に陥る。Stolorow & Atwood（1992）は，世の中の不公平や不均衡の問題，社会保障制度の不十分さや，環境問題への

人々の関心の薄さなどを訴え続ける患者の例を挙げる。そこで語られるのは，治療者はそれに大いに同意し，二人の話は盛り上がったが，あるとき同僚にそのケースのことを話したところ「ところでその患者は仕事をするようになったのかい？」と言われて，はっとしたというエピソードである。治療者は，話は盛り上がっていたけれども，患者がほとんど変化しないまま時間だけが経過していたことに気がついていなかったのである。つまり，二人のオーガナイジング・プリンシプルがある側面でのみ結びついてしまい，見えない部分ができていたわけである。Stolorow らは臨床家が「間主観的つながり」の状況に注目することの重要性を強調するが，それはその状況に陥ってしまうと，問題自体が見えなくなってしまうからである。

　重要なのは，「間主観的へだたり」や「間主観的つながり」が必ず行き詰まりを作るというわけではないことである。そのような状況は絶え間なく生じている。これが治療的行き詰まりを組織するようになるのは，治療者が脱中心化の視点を失ったときである。彼らはこう述べる。

　　間主観的な状況が分析の進展を促進するのか妨害するのかは，分析家の内省的な自己への気づきの程度や，自分自身のオーガナイジング・プリンシプルから脱中心化（Piaget, 1970）し，それによって患者の体験の実際の意味合いを共感的に把握することができる能力によって変わる。分析家の側にそのような内省的な自己への気づきが安定してみられるかぎり，患者の主観的世界と治療者の主観的世界の一致や相違も，共感的な理解や分析的洞察を促進するために利用可能になる。たとえば間主観的つながりが認識されていた場合，分析家は目の前に示された体験と似かよった自分の人生体験を見出すかもしれない。その際，分析家の自己認識は，患者の表現が示していると思われるいくつかの背景についての有益な補助的情報源として利用される。〔間主観的〕へだたりもまた，脱中心化された視

座から意識されるようになると，患者を理解しようとする分析家の持続的な努力を促進する。なぜなら，そのとき，分析家の情緒的反応が，患者の体験をまさに構造化している布置に関する間主観的指標として役立つからである。

（Atwood & Stolorow, 1984, pp. 47–48）

　このような考えにおいては，治療状況に行き詰まりが生じたとき，治療者はそれを患者の問題に還元するのではなく，間主観的システムの表現ととらえる必要がある。そのとき，システムを行き詰まりの状態にさせるのは，治療関係に参加する両者，特に治療者が脱中心化の視座を失っているときである。治療者は関係システムの中に必然的に組み込まれているが，それでもなお，脱中心化の視座を持ち続ける必要がある。それは関係システムに組み込まれつつも，必ずしもそれに組み込まれないところからシステムを俯瞰するような視座である。

　Aronが紹介する例でいえば，治療者は，その患者の体験を理解しようとしてもがき，どうしてもその体験にアクセスすることができないと絶望するが，スーパーヴァイザーであるAronから「どうしても患者の立場に立って理解しなければならない体験なのだろうか」と言われて初めて，治療者は自分がそのような見方を失っていたことに気がつく。世の中の不公平さや不均衡の問題，社会保障制度の不十分さや，環境問題への人々の関心の薄さなどを訴え続ける患者の例でもまた，治療者は同僚との話し合いの中で，「ところでその患者は仕事をするようになったのかい？」と言われて初めて，自分が患者の問題に目を向ける姿勢を失っていたことに気がつく。どちらの例でもこれは，Stolorowらの間主観性システム理論でいえば，脱中心化の視座の喪失によるものである。

　脱中心化の視座を取り戻すために重要なのはなんだろうか。私の考えでは，それは治療者が患者の話の内容（コンテンツ）だけに注目しないことである。治療者が患者の話の内容の分析に注目し過ぎると，治療者

も患者も，その関係性の中にますます組み込まれていき，それを俯瞰して見ることができなくなる。治療者は，話の内容を聞きながら，その話のやり取りがどのようにして生起しているのかをとらえようとしなければならない。世の中の不公平さを訴える患者の例でも，その訴えの内容の妥当性や解釈ではなく，そのような話をしている自分たちはどのような意味でそのような話をしているのかに注目することで，関係の膠着が見えた。それは，治療者が患者との話に参加する自分の様子を確認し続ける姿勢と言い換えることもできる。

2. 二者択一 Complementarity の関係

　前章で述べたように，Benjamin の間主観性理論（Benjamin, 1990, 2004, 2010, 2018）では，二人の人間が出会ったときに，互いが互いを（欲望の）対象として扱う関係を発達的に未熟なものととらえる。彼女は，互いが自らの（欲望の）主体であり続けながら，相手が主体であることを承認し，相手との情緒的関係を結ぶことを発達的到達点と考える。それが互いが互いの主体性を承認する弁証法的止揚のプロセスである。Benjamin（2018）は，「臨床的行き詰まり」の問題は，治療的二者関係が，やるかやられるか（doer and done-to），あるいは二者択一（Complementarity）（Benjamin, 2004）の関係性に陥った状態と考える。これは，二者がどちらも譲らない形になり，互いが自分の主体性の優位性や正しさを証明することだけにこだわるようになるか，一方がその主体性を殺して相手の主体性だけを生かすことで，関係が変化しなくなった状態である。

　Benjamin（2018）にとって，この膠着状態を乗り越えることを可能にするのが，サードへのサレンダーである。彼女はその例として，自身が主催するグループスーパービジョンで症例を出した参加者とのやり取りを挙げる。その参加者は，自分の患者との10年越しのセッションについて話していた。関係は膠着しており，治療者は自分が何か言えば患

者は攻撃されたと感じて引きこもってしまうのではないかと恐れていた。患者もまた，治療者に迷惑をかけることを恐れていた。しかし治療者にすがらざるを得ない患者は週末になると毎週「助けて」と電話をかけてくるため，治療者は患者にコントロールされているように感じて困惑した。治療者はそれを分析的に扱うことができない。それを扱ったら，自分は患者を壊してしまうのではないかと恐れたからである。治療者である参加者は，自分がそれを扱うということは，患者に対して「あなたは私に迷惑をかける悪い人間です」と言っているようなものだと述べた。これを聞いたBenjaminは，「二人は悪者にならないダンスを踊っているみたいだ。二人とも同じように相手を殺すことを恐れていて，動けなくなっている。殺人者（相手を殺そうという気概を持って現実を突きつける人間）がそこに存在しないのが問題だ」とコメントした。治療者はそれを聞いて非常に納得したが，別の参加者が「この患者をそのよう扱うのはまだ早いのではないか。かなり脆弱な患者だから」と意見を述べた。そこでBenjaminは，「いや，この参加者はわざわざこのグループで，この私の前でこんな話をしているのです。私がどれだけ厳しい殺人者がみんなよく知っているでしょう？　こんな私の前でそんな話をするのだから，こう言われるのは分かっていたはずだし，彼女もそのつもりで話したはずだ」と応じる。数日後治療者はその患者とのセッションを持った。患者が自分の行動について何か否定的なことを言ったとき，治療者はやっと「あなたは人を殺せないからね」と伝えることができた。患者はそれを聞いて微笑んだという。

　この例では，治療者である参加者と患者は「二者択一」の関係に陥っていた。治療者は患者を破壊することを恐れ，自らの主体性を殺してまで相手の世界を生かそうとすることに専心していた。この状況を乗り越えた言葉としての「あなたは人を殺せないからね」は，治療者が第三（サード）にサレンダーするプロセスがエナクトメントされたものである。治療者は二人の関係の中に浮かび上がらなかった領域に対し，無防

備になって自ら身を委ねたのである。留意すべきなのは，ここでは「殺人者」というメタファーがサードなのではなく，「殺人者」という言葉にメタフォリックに表現された空間，つまり，双方が取り扱えなかったが双方がサレンダーすることができる可能性を含んだ領域がサードだということである。「殺人者」はBenjaminの言葉では「観察されるサード（observing third）」（前章参照）と表現される。

III. 行き詰まりにおける倫理的対話

　さて，ここまで述べてきたプロセスモデルとその理解は，どのような意味で倫理的感性を含んでいるのだろうか。
　治療的行き詰まりの理解とその介入について，従来の精神分析は二つの選択肢を用意してきた。一つは，治療者のとらえた世界の正しさを患者に理解させることである。言い換えればそれは，行き詰まりに陥っているのは，患者の中の何か悪いものが発動したからだという治療者の「正しい」理解を伝える作業である。もう一つは，治療者の主観的世界を一度捨て，患者の立場からものを見て理解することである。こうした作業がいずれも，あまり効果的ではないことは本章の冒頭で述べた。それだけではなく，この二つの選択肢はどちらも，あまり倫理的とは言えない。
　倫理とは，他者という「人」にどのように向き合うのかを考えることである。他者は自分の主観的世界の文脈とは異なる文脈においてそこに在る。それは異なる何かとの出会いである。異なるものに異なるものとしてそのまま出会うことで，ようやく異なる相手は人になる。相手を今の私の理解の範囲で判断し，解釈することは，相手を人として扱わないことになる。しかしそのとき，異なる相手には自分からは計り知れない事情と状況があり，自分にはわからない相手の立場から相手を理解しようとする姿勢は，それはそれで相手を人として扱わないことになる。そ

れは,「今の私から切り離されたあなた」を生み出すだけのもので,切り離された何かに向き合おうという姿勢は,相手を抽象化するだけだからである。他者と出会う私たちは,他者が他者であるということをそのまま受け入れつつ,それが今の私の文脈の中にあるということも知りながら,相手に出会わなければならない。

行き詰まりに陥っているのは患者の中の何か悪いものが発動したからだという考えも,患者の立場だけからものを見て理解しようとする姿勢も,その意味でもどちらも相手を人ではない何かにするだけである。前者は「あなたは私の世界ではこのような存在である」とカテゴリー化するだけであり,後者は「あなたの世界が見えれば見えるほど,私の世界ではないことわかる」と相手を世界から切り離すだけだからである。

「間主観的つながり」や「間主観的へだたり」による行き詰まりを脱中心化の視座から乗り越えようとするStolorowらの間主観性システム理論も,「二者択一（Complementarity）」や「やるかやられるか（doer and done-to）」の関係性による行き詰まりをサードへのサレンダーから乗り越えようとするBenjaminの間主観性理論も,その意味で,従来の選択肢とは異なる考え方によるものである。その強調点や,微妙なニュアンスの違いはあるものの,それはどちらも,治療者が関係の文脈に組み込まれたまま,二者関係や患者をとらえようとする感性を含む。私の考えでは,それぞれに批判はあるものの,これはどちらも患者という他者を人としてそのまま扱おうという姿勢を含む点で共通している。

その中核的要素とは何か——それは,自分とは永遠に異なる何かとの出会いの中で,唯一共有できる何かを見出そうとする姿勢である。他者は他者である。それをそのままとらえようとすることは,相手を尊重することに他ならないが,相手を他者として見ているだけでは,相手を自分の世界から追い出すだけのことになる。その永遠に他者である相手との間に,共有できる何かがあるのではないか——という姿勢で相手に向き合えるかどうかが問題となる。

Stolorow らの間主観性システム理論は，それ自体にそのようなプロセスをすでに含んでいる。間主観的へだたりも，間主観的つながりも，どちらもそのようなプロセスが失われた状態である。健康な間主観的プロセスは，その意味で常に倫理的である。それは相手と自分のオーガナイジング・プリンシプルとの共通点と相違点が同時にそこに展開するプロセスが描かれているからである。それは，私の言葉では第5章で述べたように，「自分のような部分と，自分にはない部分を相互的に相手に見出すプロセス mutual finding of oneself and not-oneself in the other」（相互発見プロセス）」（Togashi, 2012）である。

　Stolorow が行き詰まりとは異なる文脈で，その間主観性システム理論を明確に倫理的なものに押し上げたのは，彼が自伝的省察を通して成し遂げた実存的トラウマの考察である（Stolorow, 2007）。彼はこの中で，Heidegger の存在論を参照し，人はいずれも自分たちがトラウマの中に存在しているという点でのみ唯一他者と結びつくことが可能で，それを成し遂げる場が間主観的フィールドだと述べた。

　Benjamin のサードの概念もまた，相互的な他者性の中で唯一人が結びつくことができる領域を探そうとするプロセスである。彼女の考えでは，人は互いに異なる主体性を持っているが，その相手の主体性は，自分の主体性の文脈とは全く異なるものの，自分の「主体性のようなもの(like subject)」(1995)である。それを相互に承認するプロセスは，彼女にとって発達的達成でもあるが，同時にそれは倫理的プロセスでもある。

　私にとって，人が唯一結び付き合えるのは世の中の偶然性である（Togashi, 2014a）。それは誕生の偶然性と呼ぶこともできる。私たちは理由なく偶然にこの世に誕生し，偶然他者と出会い，偶然楽しいことも苦しいことも体験する。私は偶然両親のいる家庭に生まれたが，もしかしたら，両親がどちらもいないクラスメートの立場に偶然立っていたかもしれない。彼が自分の立場だったかもしれない。そこには理由はなく，

ただ，そのようにあてがわれたという意味でそこにある。自分たちがそのような存在であるという意味においてのみ，私たちは互いに唯一結びつきあうことができる。だからこそ，隣の乱暴で嫌いな友人は，「だめなやつ」と抽象化されず，「自分もそうなっていたかもしれない誰か」になる。

　自分ではテーマを決められない人間だから，毎回私から質問をしてほしいと願う男性患者との関係も，決して自分の予定を合わせようとはしない女性患者との関係も，どちらの場合も私は，「相手はこういう問題を持っている」という形で当初記述しようとしていた。それは，相手の世界を抽象化する作業に他ならない。抽象化とはすなわち，相手を「人」ではなく，対象化し所有してしまおうという作業である。私がそのような作業をすればするほど，相手もまた，「先生は〇〇なのですね」と私を抽象化する。その中では，互いが互いを人でないただの「問題」としてしまい，関係が膠着するばかりだった。私は「患者に問題がある」ととらえ，患者は「自分の願いを治療者は叶えてくれない」と体験していた。

　そのような中で両者が共有できるのは，「自分は相手が分からず屋だと思って嫌になっているが，これは偶然このような出会いの中でそうなっているだけで，自分が患者（治療者）側だったら同じことを思っていたかもしれない」という体験である。実際その場では自分が治療者側であったのはただの偶然である。私は分析を受けた体験を持っているし，患者のうちの一人は，心理療法の専門家で，本人も患者を治療することがある立場の人だった――だから，私たちは互いに分かり合えないが，ただ偶然のこの世界にいるという意味ではつながっている。そこに「お互いに意地を張っているけど，やはりこのつながりは貴重なのだろう」といった体験が生まれる余地がある。それは脱中心化された視座と言ってもよいし，サードの領域と言ってもよいだろう。あるいはそれは，第２章で述べたような「当事者性」と呼んでもよいかもしれない。

私の考えでは，教育分析の重要性はそこにある。治療者が患者と偶然性の中で互いに人としてかかわり合うには，治療者の当事者性が重要である。教育分析はその機会を提供するという意味で重要であり，また本来それは，そのような意味で倫理的なものである。

　それはスーパーヴィジョンも同様である。Levy（1995）や Aron（2006）は，熟練者のスーパーヴィジョンにおいてテーマになることが多いのは行き詰まりの問題だと述べている。彼らは，そこでスーパーヴァイジーはスーパーヴァイザーととともに，再度状況に向き合うことが重要だと主張する。Goldberg（2012）もまた，臨床家はスーパーヴィジョンやコンサルテーショングループで自分の失敗を話し続けることが重要だと述べている。こうした作業もまた，偶然の出会いにおける治療者の当事者性がそのフィールドに浮かび上がる限り倫理的である。

第11章　治療的相互交流と相互交流以前の人間的出会い

　ここまで私は，人としての患者に人としての治療者が出会うとはどのようなことなのかという問いのもと，間主観性理論から倫理的転回への理論的発展の経過をたどり，倫理的転回から精神分析概念を再考しつつ，治療的二者関係を描くためのプロセス主義について述べてきた。ここで一つの臨床例を通して，こうした考え方が実際にどのように臨床実践に用いられるのかを見てみよう。

　現代自己心理学・間主観性システム理論は，80年代に米国で興った「関係性への転回（Relational Turn）」を支える理論の一つとして，治療的二者関係に生じる相互交流をいくつかの次元で記述する方法を発展させてきた。その次元の一つは，患者の語りや主観的世界を治療者との間で意味づけていくプロセスに関する相互交流，もう一つは，対話する二人の態度や行為，凝視，発声，リズム，覚醒水準，接触，手続きなど，「ローカルレベル」の相互交流である（Beebe & Lachmann, 2002, 2003, 2013; BCPSG, 2010）。一方で，近年興った「倫理的転回（Ethical Turn in Psychoanalysis）」は，「関係性への転回」の視座を踏まえつつ，それを越えた臨床的視座を記述しようとするものである。その中の一つが，相互交流以前の人間的出会いの次元を記述しようとする試みである。

　こうした三つの次元で精神分析的心理療法の相互交流をとらえようとすることは，臨床家の感性と姿勢をどのように変えるのだろうか。本章の目的は，精神分析的心理療法の情緒的相互交流を三つの次元から記

述し，臨床家がその臨床的営みの中でそのような次元に注目することが，情緒的相互交流システムをどのように摂動（perturb）させるのかを描くことである。本章ではそのために，30代前半の女性患者との精神分析的心理療法のヴィニエットを紹介し，臨床と理論を相互に照らし合わせながら記述していく。なお，本章で紹介されるヴィニエットは，本人の許可を得ているが，プライバシー保護の観点から，症例の本質を失わない程度に内容の多くを改変している。また，この症例は第7章でその一部を簡単に考察したものを詳しく記述したものである。

I. つばさの症例

　つばさ（仮名）は，30代前半の女性で，医療専門職に就いていた。彼女と私は，4年間週一回対面での精神分析的心理療法を行った。彼女が私のところへ来ようと思ったのは，母親の度を超えた干渉による苦痛のためだった。母親は，つばさが小さいころから，服装から机の中身，交友関係まですべてをチェックし，彼女が友人と出かけると聞けば，当日のスケジュールを細かく報告させた。つばさが30歳を過ぎても母親の態度は変わらず，結果的に彼女はほとんど交友関係を持たなかった。彼女は自宅から少し離れた家に一人で住んでいたが，母親は彼女が仕事に行った後にも毎日そこを訪れ，掃除と称して引き出しからクローゼットまで中身をすべて確認し，前日と場所が変わっているものを見つけると，帰宅した彼女を捕まえて問い詰めた。父親は母親のおかしさに気がついていたものの，口をはさむことはなく，自分だけは関係がないかのようにふるまっていた。

　私がつばさの話を聞く限り，彼女の母親には精神病的な不安定さがあるように思われた。母親は，彼女が言うことを聞かなかったり，知らないところで行動したりしているというだけで，ひどく怒りだしたのち泣き出し，やがて数週間にわたって食事を断って風呂にも入らないまま部

屋に引きこもった。実際母親には，数回の精神科入院歴があった。一人っ子のつばさは，自分が母親から離れたら，母親は本格的に「狂って」しまうだろうと思っていた。彼女は仕事が山積みになっていても，母親から「今日は定時に帰ってきなさい」と連絡が来ればその通りにし，「今日は私について来なさい」と言われればその通りにした。

　つばさとの治療が始まると，やがていくつか興味深い点が浮かび上がってきた。一つは，話の内容の深刻さのわりに，彼女の態度が明るいことだった。彼女は，苦悩のもとになっている母親の言動に言及するときも，しんみりしたり，いらだったりすることはなく，私の前で明るく快活にふるまった。もう一つ興味深い点は，彼女か私か，どちらかの都合でセッションがキャンセルになっても，彼女が代わりの時間を取ることがないことだった。彼女の定期予約時間は通例通り固定されていた。その時間は，母親が習慣的に自分の予定を入れている曜日と時間だった。彼女は，その時間ならば，治療に来ていることを母親に気づかれないと考えたのである。彼女は私のことを母親に明かしたことはないが，自分がセッションで母親の文句を言っていることが漏れたら，母親は死んでしまうだろうと思っていた。彼女はまた，いつか母親が私のオフィスを探し出して飛び込んでくるのではないかと思っていた。そのような緊張感の中で，普段と異なる動きをすると治療に来ていることを母親に悟られると思った彼女は，他の曜日と時間にセッションに来ることを避けたのである。さらに彼女は，私が母親に関するコメントをすることを恐れた。彼女は，私が自分に対し，母親から離れるように指示するのではないかと思ったのである。

　治療開始から半年も過ぎると，私は，彼女に対する理解を変え始めた。治療開始当初，私の中で「病的な母親の被害者」として描かれていたつばさが，「母子分離のできない未熟な患者」として描き替えられ始めたのである。

　たとえば，あるセッションで私は，彼女と母親との関係について，話

を深めることができたと感じた。偶然のことではあったが，その次の回は私の都合が悪く，いつもの時間にセッションをすることができなかった。しかし，私が代わりの時間を取ることができると伝えても，彼女はそれを望まなかった。私に告げられた理由は，いつもと同じだった。私はそこで，彼女は母親との融合的な世界から抜け出す動機づけに乏しい人だと評価した。

そして私は，「あなたは母親が自分を離さないと体験している一方で，あなた自身も母親から離れたくない思いを持っているかもしれない」と，つばさに伝えた。それを聞いた彼女は凍りついた。私の口調は，強い調子でもなかったし，責める調子でもなかった。しかし彼女には，私の言葉は相当にインパクトがあったようである。つばさは「私の方が狂っているということですね」と，青ざめた顔で私に尋ねた。

「来週，私の都合でキャンセルをいただきます。それはそれで申し訳ないですし，それに対してあなたが代わりの時間を取ることができないというのもそれはそれで構わないと思います。ただ，そこには，お母さんと共有している世界から抜け出せないあなたもいるのではないかと思っただけですよ」と，私は応じた。

「すいません。でも，私は先生の言うとおりには怖くてできないのです」と，つばさは答えた。私は，自分が彼女を無理やり母親から引き離す悪い人間のように感じた。

「謝ることではありませんよ。私はあなたの中にも離れられない何かがあるのではないかと思ったんですが，その点はどう思っていますか」と，私は尋ねた。

つばさは，どうすればよいのかわからないといった調子で，黙っていた。私は，彼女は私の話に納得したものの，自分の行動を変えるまでには至っていないのだろうと考えた。

私は月末になると請求書を患者に渡すことにしている。つばさは月末のセッションで忘れることなく料金を支払った。彼女は，私が準備した

請求書を受け取らなかった。請求書が手元に残っていると，母親の目に触れるというのがその理由だった。それでも，最初の数か月は彼女が受け取っていたことを思い出した私は，あのときの請求書はどうしたのかと尋ねた。彼女はそれに対して，帰り際，駅のゴミ箱に捨てていたと述べた。私はここで改めて，やはり彼女が母親から離れることを恐れているのではないかと伝えた。彼女は「やっぱり私がおかしいのでしょうか」と青ざめた。治療者は内心，自分の理解の正しさを確信していた。

その頃，私は講演で，自己愛的な患者の自他未分化の問題と傷つきやすさについて話をすることになっていた。その準備をしているとき，私はつばさのことを思い出した。彼女もまた，自己愛の例の一つだと思ったからである。次に私は，自分が彼女から否定されたと感じたことを思い出した。私は，彼女が自分を形式的に利用しているだけのようにも感じていた。彼女は自分が母親から分離する作業を進めていることをなんとなく感じるために私のところに来ているだけで，彼女が本気で自分を変える気にはなっていないのではないかと思ったのである。そんなことを考えているうちに，私は，自分が彼女とのやり取りでずいぶん傷ついていることを認識した。

やがて私は，自分が彼女に解釈をしたのは，自分の認知した世界の正しさと健康さを彼女に認識させるためだったことを自覚した。私は，彼女が自分を評価してくれないと感じると，彼女の世界の方がおかしいと主張したのである。それは，母親が彼女に示した態度とまさに同じものだった。私もまた，彼女を自分の世界に閉じ込めようとしたわけである。母親と治療者の世界とに分断された彼女が，自分のスペースを作ることができなかったのも当然のことだった。彼女に与えられたのは，母親の世界に残るか，私が提示する世界に服従するか，どちらかの選択肢だけだったからである。

しばらくしてから私は，つばさに自分の理解を伝える機会を得た。それを聞いた彼女は顔を輝かせ，「ほっとしました。私が狂っていたわけ

ではなかったんですね」と，息をついた。
　つばさは，母親からずっと「狂っている」と言われてきた。彼女は母親の世界がおかしい思いながらも，狂っているのは自分かもしれないという疑念を捨てることができずにいた。私が彼女もまた母親から離れられないのではないかと伝えたとき，彼女は自分の病理を指摘されたととらえたのである。私は，「あなたは，ある意味で正確に私の言葉をとらえていました。私は確かに，あなたがお母さんから離れられないのが問題だと思い込んでいましたから。ただ，それはあなたがお母さんよりおかしいという意味ではありません。お母さんの世界は苦しいのに，そこから離れられないことが問題だと考えたのです。いずれにしても，それを伝えたことは適切ではありませんでした。私の仕事はあなたの問題を指摘することでも，自分の理解の正しさを主張することでもなく，あなたの世界を探すことをお手伝いすることでした。私は，それを忘れていました」と伝えた。

II. 体験としての相互交流

　ヴィニエットの記述を一旦休み，ここまでのやり取りを精神分析的心理療法における相互交流という点から論じてみよう。
　いくつかの異論はあるものの[9]，現代自己心理学や間主観性システム理論の源流はKohutにある。Kohutは1960年代から70年代にかけて，自己愛性パーソナリティ障害の患者が発展させる転移の研究から，独自の精神分析モデルを構築した分析家である。Kohutは，自己愛性パーソナリティ障害の患者が示すさまざまな問題は，自己体験が断片化することから生じると考えた（Kohut, 1968, 1971, 1977）。そして彼は，その自

---

9) 間主観性システム理論を唱道してきたStolorowは自らを「自己心理学者」と位置づけることを好まず，自分たちの理論を自己心理学の一部とも位置づけていない（Strozier, 2001；富樫, 2011a）。

己体験は，他者が自分を体験する様式によって左右されると考えた。つまり彼は，患者の「私」という体験は，患者個人の心の中のものというよりも，患者に対する他者の体験が反映されたものだととらえたわけである（Kohut, 1984）。臨床的に言えばそれは，患者の心の状態は，分析家が患者を体験する文脈の中にあるというモデルである[10]。それはやがて，自己対象転移（Kohut, 1977, 1984），あるいは自己 - 自己対象関係（Kohut, 1980b）といった考え方に結実する。

これまで繰り返し述べてきたように，こうした考えは，それまでの一者心理学的自我心理学を超えたものだった。自我心理学の伝統的な考えでは，治療者がブランクスクリーンとして治療関係に参加している限り，そこに展開するものはすべて患者の病理や問題だとされる。しかしKohutは，治療関係に展開する患者の自己体験は，すでに治療者の主観的体験を含んでいると述べたのである。米国では，1980年代になって「関係性への転回（Relational Turn in Psychoanalysis）」が興ったが，Kohutの考えはその先駆けだったと考えることができる（Fosshage, 2003；丸田・森，2003；富樫，2011a, 2011b, 2013b；Togashi & Kottler, 2015）。さらに自己心理学は，最近になって，現象学的文脈主義や非線形動的システム理論を展開させた。前者は治療的二者関係における情動体験とその意味づけに関する相互交流モデルで，後者はインプリシット・プロセスを含むシステムの相互交流についてのモデルである。

体験としての相互交流モデルの代表格は，Stolorowらの間主観性システム理論である。間主観性システム理論は，「観察者の主観的世界と被観察者のそれという，それぞれ別個にオーガナイズされた二つの主観的世界の相互作用に焦点を当てる」（Atwood & Stolorow, 1984, p.42）よう

---

[10] 患者の自己体験が「対象」としての治療者を患者がどのように体験するかによってオーガナイズされるのか，「他者」である治療者の患者に対する体験によってオーガナイズされるのかについては，自己心理学の中でも長い議論がある。Kohut自身もまた，その点についていくつかの理論的変遷を経つつ明確な結論を示すことなく逝去している。この辺りの議論は，第6章に詳しい。

な精神分析の臨床的視座・感性のことである。患者と分析家二人の主観的世界は，出会った瞬間から他方の主観的世界の影響のもとにオーガナイズされ，継続的に変容し続ける。彼らの理論は，そのような二者関係を前提として，精神分析プロセスを考えようとするもので，この考え方は，患者の心の状態は，分析家が患者を体験する文脈の中にあるというKohutの考えを，より明確に二者関係上に展開させたものだと述べることができる。

　Stolorowは，間主観性システム理論は現象学的文脈主義（Stolorow, 2011, 2013; Atwood & Stolorow, 2014）に立脚すると強調する。現象学的というのは，探索するものが情緒的体験であることを意味し，文脈主義というのは，その情緒体験をその場その時の文脈において共創造されるものとみなすことを意味する。そこでは，精神分析実践は，患者と分析家が共同で，その情緒体験を間主観的文脈の中に了解可能な形で意味づけていく（Orange, 1995）ことだと理解される。重要なのは，複数の可能性を含み二者間で共創造される情緒体験の意味は，正解を持たず，文脈に応じて敏感に変化するものだということである。

　この視座から見ると，つばさと私の関係はどう理解できるだろうか。治療開始当初，私は彼女を「母子分離のできない患者」と体験していた。それは，彼女の行動が，母親との融合から抜け出す動機づけに乏しいように見えたからである。私が完全なブランクスクリーンならば，その理解は妥当なものだと言えるかもしれない。しかし間主観性システム理論は，治療者がそのような存在であることを否定する。間主観性システム理論が注目しているのは，治療者の患者理解が正しいかどうかではなく，治療者がどのように患者理解を導き出すのかというプロセスである。それは治療者が，治療的相互交流の場を，自分の主観的世界の中にどのようにオーガナイズしているのかに注目することでもある。

　第7章で述べたように，私がつばさを「母子分離のできない未熟な患者」と体験したのは，私が，彼女に自分の世界を承認してもらえないと

体験したことが影響していた。彼女は私のコメントに耳を傾けず，キャンセルしたセッションの代わりの日を作ってくれない，と私が感じたことがそれである。自分の世界を認めてもらえないと体験した私は，自分の世界を守るために，彼女の世界の病理性を明確にしなければならなくなった。

　一方でつばさにとっても，私が見立てた彼女の病理は妥当だと感じられるものだった。彼女は自分の世界は母親のものよりもおかしいと言われ続けてきたからである。その意味で，つばさと私は，「つばさの世界は異常で治療者の世界は正常」という点でのみつながっていた。両者が生み出した「解釈」は，つばさの病理をとらえたものではなく，二人を結びつける体験世界を言葉にしたものだった。それは二人によって生々しさを伴って共有されていた。

III. システムにおける交流

　治療開始から1年半も経つと，つばさは少しずつ自由に話ができるようになった。しかし彼女は，私との関係が窮屈に感じられることがあると述べるようになる。私は，自分はまた彼女に自分の世界を押し付けていないだろうか，と尋ねた。これに対して彼女は，首をかしげ「そんな感じではないんですよね。でも，私の世界はここにはないんです」と述べた。

　ある日，つばさは職場の対人関係について語っていた。それは，何人かの同僚が患者を人間というよりも，もののように扱うことに不快感を覚えていたものの，それを理解してくれる人はいないといった内容だった。彼女が話している間私は，さまざまなことを考えていた。それは，彼女が同僚に感じていること，彼女の立場，そして彼女の母親との関係などである。彼女は話を続ける。特にある女性の同僚は，すべてを自分でコントロールしようとする嫌な人だと述べた。ただその同僚は，明確

な指示を出してくれる人でもあるので，頼りにもしている，と彼女は言った。彼女が語り終える前に，私は彼女の言いたいことにあたりをつけることができた。そして私は「お母さんとの関係を考えますよね。その場を全部支配されてしまうことは不快だけど，頼りにもしている。だから一概に責められない」と，伝えた。彼女は「その通りですけど……」と下を向いた。私は「だからこそ，あなたからすれば，お母さんから離れればよいというものではない」と続けた。私は彼女の主観的世界に共感的なコメントをしたつもりだったが，彼女はそれに対して何も答えなかった。

　つばさの様子にいつもと違うものを感じた私は，そのまま何も言わずに黙っていた。彼女は下を向いている。「どうしましたか」と私は聞いた。

「先生って，頭がいいじゃないですか」

「どういうことでしょう」

「回転が速いというか。まあ，いいんですけど。ちょっと速すぎるんですよね」

　私はつばさの発言の意味を掴みかねていた。彼女は続けた。

「私がややこしいことを言っても，先生は即座にコメントをくれるじゃないですか。言っていることはあたっているんです。先生のコメントは間違ってないんですよ。ただ，ちょっと私には速いんです」

　セッションが終わってから，私はこのやりとりを振り返った。彼女は話の内容ではなく，スピードを問題としていた。私は，セッションの中で自分の頭がどのように回転し，どのように会話が展開しているのかに注目した。そのようにすることで，私はようやくその意味をとらえることができた。それは，以下のようなことだった。

　つばさは非常に聡明な人だった。その語り口調はわかりやすく，思考過程も追いかけやすいものだった。彼女の葛藤も，私にはとてもわかりやすいものだった。私は彼女が語っている途中から話の展開を予測し，

頭の中で取りまとめることができた。私は，彼女が話を終えるか否かというちに，即座にコメントを始めることができた。たとえば「……です」という彼女の語尾の「す」が言い終わるか終わらないかというところで，私の言葉は始まっていた。そこには数秒の隙間もなかったのである。二人の言葉はそれ自体で重なっておらず，私の言葉が彼女の言葉を遮っているわけでもなかったため，私も彼女も，それをおかしいとは認識しなかった。しかし彼女は，それを「早い」と表現していた。

　こうしたプロセスを認識した私は，彼女が話し終えたと思っても，何も言わずに何拍かおいてみるようになった。それは，意図的に行ったものではなく，やり取りの癖に気がついた私が自然に行ったものである。すると彼女は，数拍後に話を再開したのである。「そんなことがあったんですけど，私はもう落ち込んでいやになっていました。どうしていいか……（沈黙）……何もかも嫌になってしまって」といった内容だった。それは私がそれまで見たこともない彼女の様子だった。彼女はしんみりと抑うつ的だった。彼女は，私が介入せずにいれば，抑うつ的でしんみりとした体験を自ら語ることができたのである。もし私が間を作っていなかったら，私は彼女の話を取ってしまい，彼女が語ろうとした内容は二人の関係のフィールドには浮かび上がらなかっただろう。私と彼女のやり取りのリズムは，彼女の言葉や情緒的世界が展開するスペースを殺していたわけである。そのようなやり取りがあってから数か月の間，彼女は，取りつかれたように社会問題やトラウマ，戦争，差別などをテーマにした映画を見て過ごした。

　ここまでのやり取りは，システムとしての相互交流の視座からはどのようにとらえることができるだろうか。インプリシット・プロセスを含むシステムとしての相互交流モデルは，乳幼児実証研究者が中心となって発展させてきたものである（Stern, 1985; Tronick, 1989, 2003; Treverthen, 2004; Sander, 2008; BCPSG, 2010; Beebe & Lachmann, 2002, 2003, 2013; Beebe et al., 2005）。ここではその中でも，BeebeとLachmann

の「乳児研究に基づく動的システム理論」(Beebe & Lachmann, 2002, 2003, 2013; Beebe et al., 2005) から両者のやりとりを検証してみよう。この理論は，空想や語りなどの言語化されやすい象徴的水準の相互交流（エクスプリシット・プロセス）に加え，必ずしも言語化されない行為‐手続き的水準の相互交流（インプリシット・プロセス）とそのサブシステムを要素として，精神分析的二者関係システムをモデル化したものである。インプリシット・プロセスとは，対話する二人の態度や行為，凝視，発声，リズム，覚醒水準，接触，手続きなど，「ローカルレベル」(BCPSG, 2010) における複数の次元での情報処理プロセスである。

　たとえばBeebe & Lachmann (2002) の乳児研究はこのようなものである。研究者は，母親と乳児を対面に座らせ，自宅と同じように遊ぶように指示をする。彼らは，対面遊びの様子を，母親と乳児別々のカメラで撮影して記録した。そして彼らは，記録された交流を，12分の1秒以下のサイクルで細かく解析した。すると，これまで考えられてきたものとは，まったく異なる相互交流のプロセスが明らかになった。

　それまでの研究では，乳児と母親の相互交流は，一方が相手の行動を認知したのちにその情報を処理して応答するというプロセスの連続体と考えられてきた。一方の行動が刺激として相手に受け取られ，相手はその情報を処理してからそれに対応する行動を始め，その行動を刺激として受け取った相手がまた，その情報を処理してから次の行動を始めるというものである。しかし，彼らが12分の1秒サイクルという非常に速いスピードでやり取りを解析したところ，乳児と母親は，一方の行動が始まる前に他方が行動を開始し，その行動が完結する前に，一方の次の行動が始まっているというやり取りをしていたのである。

　たとえば，母親がキスをするような顔を乳児に向け，乳児も同じように口を動かそうとし，母親が微笑んで乳児が微笑むという一連の流れを想定してみよう。そこに展開される相互交流は，乳児は母親がキスをするような顔をしたことを確認してから口を動かし，母親は乳児の口の動

きを確認してから微笑むといったものではなかった。それは，乳児は母親がキスをするような顔をすること予測して口を動かし，母親は乳児の口の動きを予測して微笑み，母親が微笑むことを予測して乳児は微笑むというように，両者が，一瞬のやり取りの中でも相手の行動を先取りしながら進む相互交流だったのである。

　こうした相互交流は，とても速いスピードで進むもので，普段の対人交流では意識されずに行われている。それは，これまでの精神分析が想定する「無意識」とは異なる次元の「気がつかない心理的プロセス」であり，「非意識」と呼ばれる。この相互交流は，言語的語りにならない場合が多いので見逃されやすいが，精神分析的二者関係を構成する重要な要素の一つである。これは，抑圧された心理的内容とは直接関係なく，両者の相互交流の性質を決定することがある。

　つばさと私との関係で見てみよう。治療開始から一年半も経ったころ，つばさは「治療者の頭の回転が速い」と不満を訴えた。私は，彼女の言葉が終わるか終わらないかのうちに，間髪を入れずに話し出していた。彼女の語りと心理的変化に対する私の調整は，固くオーガナイズされていて，私は彼女に対して高追跡状態（Beebe & Lachmann, 2002）にあった。それが現れたのが，会話のターンの速さである。私のスピードは，彼女に新たな世界を提供する潜在力のあるスペース，つまり，抑うつ的な体験を生み出す「間」を殺してしまっていた。

　このようなプロセスの中では，つばさが母親の世界にも私の世界にも服従することなく，自分の世界を生み出すことができる間主観的スペースは，インプリシットな交流の次元においても，浮かび上がりにくい状態にあった。私がその次元に注目し，一秒にも満たない「間」に注意を向けることで，彼女はしんみりと抑うつ的な体験を自ら語り始めた。二人のやり取りのリズムの中に，スペースが生まれたのである。もし，こうした次元での理解をしていなかったとしたら，私は彼女を，防衛的に明るく振舞うことで，母親への罪悪感や抑うつ感を体験することを避け

る人だと理解しただけだっただろう。

IV. 交流以前：精神分析的ゼロ

　つばさの心理療法の最後の段階を見てみよう。治療開始から2年半程経つと，彼女は発展途上国の医療体制に興味を持つようになる。それは彼女が，社会派の映画などを通して得たものだった。彼女は医療関係者として，医療制度が未発達な国や地域に行き，自分が生きがいを感じられる仕事をしたいと考えるようになる。私は彼女が，自分が体験した抑うつ的な世界を具体化し，母親の束縛から自らを開放し，自らを主体的に生きることができる世界を見つけたのだろうと考えた。その一方で私は，小柄で社会経験が特別豊富とも思われない彼女が，そういった地域に出ていくことに不安を感じた。そして私は，彼女のその計画は，母親から離れる心理的作業から生じた一種の行動化ではないかとも考えた。
　つばさは着々と計画を進めていった。私は丁寧に彼女の思いを聞きながら，自分の不安が彼女の主体性の成長を妨げないようにと，彼女の計画を承認する姿勢を維持しようとした。しかし彼女が考えていたのは，紛争の続く極めて危険な国へ行くことだった。私はときに自分の心配を彼女に伝えたが，彼女はますます自分の計画にこだわるばかりだった。
　計画が完全に具体化したとき，つばさは母親にそれを告げた。予想通り母親は混乱し，精神的に荒廃した状態になった。一時的に精神科へ入院することにもなった。私はそれを聞き，困った母親だと思うと同時に，母親の気持ちもわからないでもないと感じた。つばさもまた不安定になった。しかし，彼女の気持ちが変わる様子はなかった。私は彼女に対してこう伝えた。
　「あなたが自分の心身の状態や，技能，自分の夢や将来設計など，さまざまな条件を考慮して，海外に行くことを決意したならばそれでよいと思います。ただ，あなたの中に急激に母親から離れなければならない

という思いがあってそのような極端な行動に出たり，あるいは，母親から離れる罪悪感から自分を追い込んだりしているのならば，今回のことを今一度見直してもよいのではないでしょうか」

　つばさはそれを聞き，がっかりしたような表情になった。彼女は，意思の強い目で私を見ながら言った。

「先生もやっぱり，母と一緒で本当には私を信用できないのですか」

　私は，それに対して何も言えなかった。頭の中では，「信用の問題ではないのだが」と思ったが，彼女の体験からすれば，そう取られても仕方がないとも思った。黙ったままの私に，彼女はさらに「そんなに心配なら，先生一緒に来てくれますか？」と言う。ストレートなその言葉は，私には，怒りを含んだものには聞こえなかった。

「私は行けません」と，しばらくの沈黙ののち，私は答えた。

「じゃ，国内の他の地域に行くならば，一緒に来てくれますか？」

「それも無理でしょうね」

「私には先生がとても大切でした。先生に本当に助けられたからです。私は先生に頼ってきました。でも，私たちの関係は，もともとそういうものです」

　彼女の発言がすべてを示していた。私は彼女のことを心配していたが，だからといって何かできるわけではなかった。それは，行き先が紛争地域であろうがなかろうが同じことだった。私は彼女を心配していたし，彼女もまた私を必要としていた。しかし，どんなに心配したり必要としたりしていたとしても，二人は互いに相手に対して何かできるわけではなかった。それは，極めて当たり前の現実だった。しかし，二人はそれをどこかに置いたまま，私は彼女を心配し，彼女も私に頼っていた。

　母親と彼女の関係もそれと同じだった。母親は彼女に過剰な心配を抱いていたが，だからと言って，それ以上のことは何もできないはずだった。母親も，娘と永遠に一緒にいることができないという前提を知っていただろう。知っていたからこそ，彼女はそこまで娘を心配したとも言

える。しかし母親も彼女も，それを言葉にすることはなかった。それを言葉にすれば，両者はその関係が壊れてしまうことをどこかで感じていたからだろう。両者の間には，「間主観的タブー」（Togashi, 2016）があった。

　私は彼女に対し，「すごいことをあなたは口に出せるようになったのですね。私と同じように，お母さんもそれを口にすることが怖くできなかったのでしょう。私たちは誰も，人のことを心配しても，だからと言ってその人に何かできるわけではありません」と伝えた。それを聞いたつばさは，ニコリと笑った。彼女は，渡航計画について詳しく語った。私はなぜ彼女がその地域に行くのか，どういう意味があるのか，転移のどのような側面が表れたのか，発達的にはどう理解できるのかなどと考えていたが，やがてそんなことを考えても仕方がないと思った。それがどうであれ，彼女が行くのであれば，私ができるのはその彼女に向き合うことだけだと思ったからである。

　彼女の渡航の日が近づき，セッションも残り2回となったときだった。つばさは急に行き先を変えた。彼女は，行き先を紛争地域ではなく，比較的安全な発展途上国に代えたのである。計画の変更は偶然のことだった。活動を支援する団体から，ある国の人手が足りなくなったため，そっちに行ってほしいという急な要請があったのである。それがなかったら，彼女はやはり紛争地域に行っていたかもしれない。あるいは，それがなくても，行き先を変更したかもしれない。いずれにしても，私が彼女の変更をどれだけ精神分析的に解釈し，その意味を紡ぎだしたとしても，私が彼女にできることは，彼女を送り出すことだけだった。

　つばさと私との最後のやり取りは，相互交流という点からはどのように理解することができるのだろうか。彼女の「一緒に来てくれますか？」という言葉は，もちろん，一者心理学的にも，間主観的にも理解することは可能である。それは，彼女の怒りや不満と意味づけられるかもしれないし，あるいは，治療者への操作的ニードと意味づけられるかもしれ

ない。しかし，精神分析的理解を一度忘れたうえで，その言葉に無条件に向き合ってみると，それが見事に，二人が見つめてこなかった関係の側面を表現していることがわかる。それは「あなたがどんなに私を心配しても，私がどんなにあなたを必要としても，私たちはどちらも相手にそれ以上のことはできない」という，二人の出会いの原点である。

　言い換えればこの原点は，交流以前の二者についてのものである。両者は出会った瞬間から，互いに対して何もできないのである。その前提の上で，互いに頼ったり，心配したりするわけだが，両者はそれを知っていながらそれを言葉にしなかった。彼女はそのタブーを打ち破って，二人の関係に交流以前のそれを持ち込んだのである。彼女は私に，交流以前のそのプロセスに両者がともに身を委ねなければ，自分たちが行ってきた理解や解釈，意味づけは何の意味もなさないことを知らしめた。「なぜ，紛争地域なのか」「何が彼女をそうさせたのか」という問いや，それに対する精神分析的なお決まりの解釈は，「それでも私たちは，互いに何もすることができない」という前提を忘れては，何の意味もなさない。言い方を変えれば，その前提を共有するからこそ，そうした解釈や理解，意味づけに意味と価値，そして責任が生まれるのである。

　「私たちは互いに何もできない」という前提は，つばさと彼女の母親との関係においても重要だった。それは，彼女も母親も触れることができなかった二人の関係の本質だった。彼女は母親に対しても，「そんなに私を心配したり，私の世界を知ろうとするのであれば，その前に，あなたの願いがどうであれ，あなたは私に実際のところ何もできないのだということを認めてください。そうでないと，その心配や干渉は結局のところ何の意味ももたらさないのですよ」と，言いたかったのだろう。彼女は実際にはそう言わなかったが，その現実こそが，彼女がようやく見つけ出した自分自身の世界だったのかもしれない。

　私は，このようなプロセスを「精神分析的ゼロ」（Togashi, 2017c, 2017e；富樫，2017）と呼んでいる。それは両者の出会いそのもので，そ

こには交流がまだない。しかしそれは，すべての交流がそこから生まれる出会いの原点である。精神分析的ゼロは，さまざまな形で関係に浮かび上がるが，しばしばそれは，間主観的タブーの形をとって現れる。間主観的タブーは，関係を崩壊させないために，関係の原点でありながらも，それに触れないような領域として，関係システムの中に創発されるからである。そこでしばしば用いられるのが，技法的解釈や理解である。つばさの例でも，私は何もできないにもかかわらず，ただ彼女を心配し，それに意味づけをしようと試みていた。

精神分析理論は，一者心理学から二者心理学，双方向モデルへと劇的に転回した。しかし，そうした新しいモデルがもたらす理解の方法でさえ，交流以前の関係の原点であるゼロを忘れて用いられると，何の意味も生み出さない。それは，精神分析的心理療法の実践家が，どのように人としての患者に向き合うのかを問うことができる領域だからである。治療者は，技法や理論を駆使して患者とかかわる。治療者は，患者を対象化して解釈し，患者の内的世界に意味づけし，そして理解しようと試みる。しかし治療者は，そうした作業に夢中になっているときにこそ，自分が関係の原点を見失っていないか見直さないといけない。治療者は，自分の役割や治療的手続き，形式などをすべて忘れた領域「ゼロ」へのサレンダー（Ghent, 1990; Togashi, 2017c）を忘れていないか，立ち止まってみることが重要である。それが，私にとっての倫理的転回の一つである。

エピローグ——精神分析理論との出会い

　本書を通してなされた読者と私との出会いとはどのようなものだろうか。本書を手に取った読者は，立場や関心の種類は異なるだろうが，多かれ少なかれ精神分析や精神療法，あるいは一般臨床心理学や精神医学に関心を持っている方だろう。読者の多くは，これまでにもさまざまな精神分析理論や精神分析的思索に出会ってきただろう。読者にとって本書は，その中でもどのような意味を持ってとらえられただろうか。
　私たちは精神分析理論に出会い，魅了され，臨床体験と照らし合わせながらそれを理解しようとする。ある人にとってそれはクライン派の理論であり，ある人にとってそれは英国独立学派の理論だろう。またある人にとってそれは，ラカン派の理論であり，ある人にはフロイト原理主義だろう。私もまたその訓練の中で，Freudに出会い，Winnicott, Klein, Anna Freud, Gill, Kohut, Mitchell, Stolorow, Benjamin, Lachmann, Orange, Beebeをはじめとする多くの分析家やその理論に出会った。書籍の中だけで出会う人もいれば，本人に出会い交流を持つ場合もあった。中には学術的な交流よりも，友人としての付き合いの方が深い人もいる。その中で私は，特に自己心理学や間主観性システム理論，関係精神分析といったものに惹かれ，その理論を理解しようとしてきた。
　私はなぜそれに惹かれたのだろうか。——それは，それが自分や自分の患者を理解するための正しい処方箋だからだろうか。確かに私は，当初それを期待したかもしれない。この過去の書物たちは，現在の自分や

患者に適用できる何かを与えてくれるに違いない，と。しかし，そのような考えはすぐに打ち砕かれた。そのような姿勢で精神分析のテクストに向き合っても，そこに何が書いてあるのか，さっぱりわからなかったからである。そこに書かれてあることを実践しようとしてみても，そのまま通用する患者はほとんどいなかった。それでも，テクストたちは大きな魅力を持って，私に語りかけてきた。私はそれを読み続け，理解しようとし続け，そしていつの間にか私は，それが患者に向き合う際にとても役に立つものであることを知った。

解釈学を発展させたGadamerは，Heideggerの「被投性」を「状況的（situated）」存在性という言葉で展開させた。Heideggerが論じたのは，私たちは基本的に世界に組み込まれているということである。現存在は，決して自律的でもなく，自己完結的でもない。それは，常に「世界＝内＝存在」として存在する。それを受けてGadamer（1960）は，われわれが状況の外に立つことは永遠になく，客観的な知識を持つこともできないと強調した。

伝統や歴史主義に縛られた私たちは，テクストを目の前にするとつい，現在の生活の了解を作っている過去をその時代から理解しようとしてしまう。私たちは，現在と現在に由来する先入見を否定し，時代を超えて過去のテクストの意味を理解し，再構成しようとするのである。しかしそれは歴史性の否定である。私たちが自らの身を過去に置いてそのテクストの意味を理解したのち，それを現在に当てはめようとしても，そこに豊かな理解は生まれない。理解とは過去が現在に橋渡しされるプロセスであり，過去から伝わったテクストの意味に私たちの現在がかかわることだからである。

私たちはまず，自分が状況に組み込まれた存在であることを知らなければならない。過去のテクストが現在の私たちに何かを語りかけてくるとき，私たちがそれに素直に向き合うならば，私たちは自分が実に多くの先入見と伝統を持ってそれに当たっていることを知る。時代の差を持

ったテクストは，本来的に異なったものとして私たちに語りかける。異なっているものと向き合うからこそ，私たちはそこで自らの先入見と伝統を知ることができる。私たちはそこで，自らの先入見と伝統を否定して，過去のテクストをそのまま理解しようとしてはならないし，そうすることはできない。あるいは，自らの先入見と伝統からのみそれを理解しようとしてもいけない。そうするとテクストは，ただ私たちの伝統と異なっただけの意味を持たない記号となり，最終的に解釈をやめるしかなくなるからである。私たちがそこでできることは，本来的に異なるそれと，私たちの先入見と伝統との対話である。その対話が私たちを変え，テクストの新たな意味を開示し，そして伝統を新たに形成する (Gadamer, 1976)。

　これを精神分析的な言葉にするとどうなるだろうか。「過去のテクスト」を「患者」に置き換えてみよう。患者は本質的に異なるものとして私たちの目の前に現れ，語りかけてくる。それを目の前にした私たちは，自らの伝統的なものの見方，先入見，つまり，オーガナイジング・プリンシプルを否定して，患者の見方や先入見だけを理解することができるだろうか。伝統的精神分析は，それを共感と呼び，推奨するかもしれない。しかし Gadamer はそれを基本的に認めない。それは，患者と治療者との差異性，時間性，関係性，歴史性を否定しているだけだからである。私たちがそこでできることは，本来的に異なった患者との出会いによって知ることになった自分の伝統的なものの見方や先入見の中にありながら，そこで患者と対話し続けることだけである。Gadamer (1960) は「理解のあるひとは，影響が及ばない対岸から知ったり判断したりするのではなく，自分と相手のあいだにある特殊な共属関係から，自分の身に起きたように一緒に考えるのである」(Gadamer, 1960 邦訳 p.502) と述べたうえで，以下のように語る。

　　道徳知においても，適用は，あらかじめ与えられている普遍的なも

のを特殊な状況に当てはめることではない。伝承にかかわって解釈する者は，伝承を自分自身に適用することに努める。しかしこの場合も，伝承されたテクストは，解釈者にとって，普遍的なものとして与えられて理解され，そのあとではじめて特殊な応用のために用いられるのではない。むしろ，解釈はこの普遍的なもの——テクスト——を理解することしか考えていない。つまり，解釈者は伝承が語ること，テクストの意味や意義であるものを理解すること以外を望んでいないのである。しかし，テクストの意味を理解するためには，解釈者は自分自身を，そして自分がおかれた具体的な解釈学的状況を度外視しようとしてはならない。解釈者は，およそ理解をしようとするのであれば，テクストをこの状況に結びつけなければならないのである。

(Gadamer, 1960 邦訳 pp.503–504 から引用)

　私たちは，患者の中に真実の答えを探し出すことができないのと同様に，精神分析のテクストに書かれた真実の答えを探そうとすることもできない。そこに処方や正解が書かれているわけではない。Kleinの理論が間違っていて，Winnicottが正しいわけではない。自分が好きな理論が自分を理解するのに最も適切なもので，自分が出会う患者との臨床に最も有用なものだというのでもない。自分が魅了された理論とは，少なくともその人がそれと対話することが可能だと思い，それとの対話に楽しさを覚え，そこに新たな伝統が開く可能性を感じただけのものである。私は別の学派との議論に呼ばれることがある。そこでしばしば私は「先生の言われることは〇〇学派からみるとおかしいと思います」と言われるが，これほどばかばかしいことはない。それは対話の否定である。それは，世界の広がりを殺し，出会いを非人間的にするだけである。異なるものとの出会いとそれとの弁証法的対話が，現在の自己心理学や間主観性システム理論の考え方の哲学的基盤である。

本書は，私がこれまで行ってきたさまざまな精神分析の著作者や患者たちとの対話であり，読者との対話でもある。私たちはそれぞれ，書籍が私たちに語りかけてくるものに向き合う。読者によって異なるだろうが，本来的に異なるものとして語りかけてこない部分は，対話をもたらさない。それはただ，読者の中に違和感なく消えていくだけである。しかし，本来的に異なるものとして飛び込んでくる内容は私たちを対話へと導く。「あれ，どういうことだろう？」「ん？」とふと思う瞬間に対話が始まる。「私とは考えが違う」とか「こんな考えは読んだことがない」「本当にそうだろうか」など，ふと思う瞬間は至る所にあるはずである。だから，読者は本書をわかろうとする必要はない——私も読者がわからない。読者はいずれも私の了解を凌駕する。そこで，対話が生まれる。本書を通して対話する私たちは，それぞれの先入見に気づくだろう。そしてしばらくすると，少しだけその伝統と先入見が新たなものになっていることを知るだろう。そうした私たちの見方の変化は，私たちが臨床現場に出たときに患者が語りかけてくるものの違いとなって現れるだろう。

2018年1月　東京にて

文　献

吾妻壮（2011）．関係精神分析の治療技法．岡野憲一郎・吾妻壮・富樫公一・横井公一（著）関係精神分析入門——治療体験のリアリティを求めて．岩崎学術出版社，pp. 220-245.
Alexander, F & French, T. M. (1946). *Psychoanalytic Therapy: Principles and Application*. New York: Ronald Press.
American Psychoanalytic Association (2007). *Ethics Case Book of the American Psychoanalytic Association 2nd Edition*. Dewald, P. A. & Clark, R. W. (eds). New York: Author.
Armony, N. (1975). Countertransference: Obstacle and instrument. *Contemporary Psychoanalysis*, 11, 265-280.
Aron, L. (1996). *A Meeting of Minds, 2nd ed*. Hillsdale, NJ: The Analytic Press.
Aron, L. (2006). Analytic impasse and the Third: Clinical implications of intersubjectivity theory. *International Journal of Psycho-Analysis*, 87, 349-368.
Atwood, G. E. & Stolorow, R. D. (1979). *Faces in a Cloud: Subjectivity in Personality Theory*. Northvale, NJ: Jason Aronson.
Atwood, G. E. & Stolorow, R. D. (1984). *Structure of Subjectivity: Explorations in Psychoanalytic Phenomenology*. Hillsdale, NJ: The Analytic Press.
Atwood, G. E. & Stolorow, R. D. (2014). *Structure of Subjectivity: Explorations in Psychoanalytic Phenomenology and Contexualism*. Second Edition. New York: Routledge.
Bacal, H. A. (2006). Specificity theory: Conceptualizing a personal and professional quest for therapeutic possibility. *International Journal of Psychoanalytic Self Psychology*, 1(2), 133-155.
Bacal, A. H. (2010). *The Power of Specificity in Psychotherapy: When Therapy Works and When It Doesn't*. Northvale, NJ: Jason Aronson.
Bacal, H. A. (2011). Specificity theory: The evolution of a process theory of psychoanalytic treatment. *American Imago*, 68(2), 267-285.
Bacal, H. A. & Carlton, L. (2010). Kohut's last words on analytic cure and how we hear them now: A view from specificity theory. *International Journal of Psychoanalytic Self Psychology*, 5(2), 132-143.
Balint, M. (1958). The three areas of the mind—Theoretical considerations.

International Journal of Psycho-Analysis, 39, 328-340.

Baraitser, L. (2008). Mum's the word: Intersubjectivity, alterity, and the maternal subject. *Studies in Gender and Sexuality*, 9, 86-110.

Beebe, B. & Lachmann M. F. (2002). *Infant Research and Adult Treatment: Co-constructing Interactions*. Hillsdale, NJ: Analytic Press. 富樫公一（監訳）乳児研究と成人の精神分析．誠信書房，2008.

Beebe, B. & Lachmann, F. (2003). The relational turn in psychoanalysis: A dyadic systems view from infant research. *Contemporary Psychoanalysis*, 39(3), 379-409.

Beebe, B., & Lachmann, F. M. (2013). *The Origins of Attachment: Infant Research and Adult Treatment*. New York: Routledge.

Beebe, B., Knoblauch, S., Rustin, J., & Sorter, D. (2005). *Forms of Intersubjectivity in Infant Research and Adult Treatment*. New York: Other Press.

Benjamin, J. (1988). *The Bonds of Love: Psychoanalysis, Feminism, and the Problem of Domination*. New York: Pantheon.

Benjamin, J. (1990). An outline of intersubjectivity: The development of recognition. *Psychoanalytic Psychology*, 7S, 33-46.

Benjamin, J. (1995). *Like Subjects, Love Objects: Essays on Recognition and Sexual Difference*. New Haven, CT: Yale University Press.

Benjamin, J. (2004). Beyond doer and done to: An intersubjective view of thirdness. *The Psychoanalytic Quarterly*, 73(1), 5-46.

Benjamin, J. (2007). Intersubjectivity, thirdness, and mutual recognition. Presented at the Institute for Contemporary Psychoanalysis. Los Angeles, CA.

Benjamin, J. (2010). Can we recognize each other? Response to Donna Orange. *International Journal of Psychoanalytic Self Psychology*, 5(3), 244-256.

Benjamin, J. (2018). *Beyond Doer and Done to: Recognition Theory, Intersubjectivity and the Third*. New York: Routledge.

Bhabha, H. K. (1994). *The Location of Culture*. London: Routledge.

Bhatia, S. (2018). *Decolonizing Psychology: Globalization, Social Justice, and Indian Youth Identities*. Oxford University Press.

Boston Change Process Study Group (2010). *Change Processes in Psychotherapy: A Unifying Paradigm*. New York: W. W. Norton.

Bowlby, J. (1969). *Attachment. Attachment and loss: Vol. 1. Loss*. New York: Basic Books.

Bowlby, J. (1980). Loss: Sadness & depression. *Attachment and loss* (vol. 3); (International psycho-analytical library no.109). London: Hogarth Press.

Brothers, D. (2008). *Toward a Psychology of Uncertainty: Trauma-Centered Psychoanalysis*. New York: Routledge.

Brothers, D. (2014a). "Crimes against humanity" and the societal context of trauma:

Discussion of "A Sense of Being Human and Twinship Experience" by Koichi Togashi. *International Journal of Psychoanalytic Self Psychology*, 9(4), 282–288.

Brothers, D. (2014b). War, peace, and promise-making: Becoming a late-life activist. *Psychoanalytic Inquiry*, 34, 766–775.

Brothers, D. (2017). If Freud were a woman: Gender, uncertainty, and the psychology of being human. *Psychoanalytic Inquiry*, 37(6), 419–424.

Brothers, D. (2018). Changing societal narratives, fighting "crimes against humanity". In E. R. Sevenson & D. M. Goodman (eds.), *Memories and Monsters* (pp.149–162), New York: Routledge.

Brothers, D. & Togashi, K. (in press). After the world collapsed: Two culturally embedded forms of service to others following wide-scale societal traumas. In E. Severson, D. Goodman & H. Macdonald (eds.) *Psychology and the Other Book Series*. New York: Routledge.

Butler, J. (2005). *Giving on Account of Oneself*. New York: Fordham University Press.

Carlton, L. (2009). Making sense of self and systems in psychoanalysis: Summation essay for the 30th Annual International Conference on the Psychology of the Self. *International Journal of Psychoanalytic Self Psychology*, 4, 313–329.

Chodorow, N. (1978). *The Reproduction of Mothering: Psychoanalysis and the Sociology of Gender*. Los Angles: University of California Press.

Coburn, W. J. (2002). A world of systems: The role of systematic patterns of experience in the therapeutic process. *Psychoanalytic inquiry*, 22(5), 655–677.

Coburn, W. J. (2007). Psychoanalytic complexity: Pouring new wine directly into one's mouth. In P. Buirski & W. J. Coburn (eds.), *New Developments in Self Psychology Practice* (pp.3–22), New York: Jason Aronson.

Coburn, W. J. (2013). *Psychoanalytic Complexity: Clinical Attitudes for Therapeutic Change*. New York: Routledge.

Coburn, W. J. (2015). Commensurability and incommensurability of paradigms among theories and persons. Paper Presented at the 38th Annual IAPSP Conference Los Angeles, California, October, 2015

Cohen, M. B. (1952). Countertransference and anxiety. *Psychiatry*, 15, 231–243.

Cornell, D. (1999). *Beyond Accommodation: Ethical Feminism, Deconstruction, and the Law*. Rowman & Littlefield.

Corpt, E. A. (2013). Peasant in the analyst's chair: Reflections, personal and otherwise, on class and the forming of an analytic identity. *International Journal of Psychoanalytic Self Psychology*, 8, 52–69.

Corpt, E. A. (2016). The complications of caring and the ethical turn in psychoanalysis. In D. M. Goodman & E.R. Severson (eds.), *The Ethical Turn: Otherness and Subjectivity in Contemporary Psychoanalysis* (pp.101–116). New York:

Routledge.

Cushman, P. (1995). *Constructing the Self, Constructing America: A Cultural History of Psychotherapy*. Reading, MA: Addison-Wesley/Addison Wesley Longman.

Fonagy, P. (2001). *Attachment Theory and Psychoanalysis*. New York: Other Press.

Fonagy, P.; Bateman, A. (2004). *Psychotherapy for Borderline Personality Disorder: Mentalization Based Treatment*. Oxford University Press.

Fosshage, J. L. (1994). Toward reconceptualising transference: Theoretical and clinical considerations. *The International journal of psycho-analysis*, 75(2), 265.

Fosshage, J. L. (1995). Countertransference as the analyst's experience of the analysand: Influence of listening perspectives. *Psychoanalytic Psychology*, 12(3), 375–391.

Fosshage, J. L. (2003). Contextualizing self psychology and relational psychoanalysis: Bi-directional influence and proposed syntheses. *Contemporary Psychoanalysis*, 39(3), 411–448.

Freud, S. (1900–01). The Interpretation of Dreams. *The Standard Edition of the Complete Psychological Works of Sigmund Freud* (vol. 4–5). London: Hogarth Press. 新宮一成（訳）(2007) 夢解釈　フロイト全集 4・5. 岩波書店.

Freud, S. (1910). The future prospects of psychoanalytic therapy. *The Standard Edition of the Complete Psychological Works of Sigmund Freud* (vol. 11). London: Hogarth Press, 1971. 高田珠樹（訳）精神分析の将来の見通し. フロイト全集 11, pp. 191–204. 岩波書店.

Freud, S. (1912). The dynamics of transference. In *The Standard Edition of the Complete Psychological Works of Sigmund Freud* (vol. 12, pp. 97–108), 1958.

Freud, S. (1913). The diposition to obsessional neurosis. *The Standard Edition of the Complete Psychological Works of Sigmund Freud* (vol. 12, pp. 311–326). London: Hogarth Press, 1971　立木康介（訳）強迫神経症の素因. フロイト全集 13. 岩波書店.

Freud, S. (1914). Remembering, repeating and working-through (Further recommendations on the technique of psycho-analysis II). *The Standard Edition of the Complete Psychological Works of Sigmund Freud* (vol. 12, pp. 145–156).

Freud, S. (1915). The unconscious. *The Standard Edition of the Complete Psychological Works of Sigmund Freud* (vol. 14, pp. 161–125). London: Hogarth Press.

Freud, S. (1916). Introductory lectures on psycho-analysis. *The Standard Edition of the Complete Psychological Works of Sigmund Freud* (vol. 15–16). London: Hogarth Press.

Freud, S. (1917). Mourning and melancholia. *The Standard Edition of the Complete Psychological Works of Sigmund Freud* (vol. 14, pp. 243–258). London: Hogarth

Press. 伊藤正博（訳）喪とメランコリー．フロイト全集 14, pp. 273-293.
Freud, S.（1923）. The ego and the id. *The Standard Edition of the Complete Psychological Works of Sigmund Freud*, (vol. 19, pp. 12-68). London: Hogarth Press.
Freud, S.（1925）. Some Psychical Consequences of the Anatomical Distinction Between the sexes. *The Standard Edition of the Complete Psychological Works of Sigmund Freud* (vol. 19, pp. 243-258). London: Hogarth Press.
Freud, S.（1931）. Female sexuality. *The Standard Edition of the Complete Psychological Works of Sigmund Freud* (vol. 21, pp. 223-243). London: Hogarth Press.
Gadamer, H.-G.（1960）. *Wahrheit und Methode*. Tübingen: Mohr Siebeck. 轡田收他（訳）心理と方法Ⅰ，Ⅱ，Ⅲ（1986, 2008, 2012）．法政大学出版局，轡田收他（訳）心理と方法Ⅰ．法政大学出版局．
Gadamer, H.-G.（1976）. *Philosophical hermeneutics*. Berkeley, University of California Press.
Ghent, E.（1989）, Credo: The dialectics of one-person and two-person psychologies. *Contemporary Psychoanalysis*, 25, 200-237.
Ghent, E.（1990）. Masochism, submission, surrender—Masochism as a perversion of surrender. *Contemporary Psychoanalysis*, 26, 108-136.
Ghent, E.（2002）, Wish, need, drive: Motive in the light of dynamic systems theory and Edelman's selectionist theory. *Psychoanalytic Dialogues*, 12, 763-808.
Gill, M. M.（1983）. The interpersonal paradigm and the degree of the therapist's involvement. *Contemporary Psychoanalysis*, 19, 200-237.
Gill, M. M.（1994）. *Psychoanalysis in Transition*: A Personal View. Hillsdale, NJ: Routledge.
Gilligan, C.（1982）. *Moral Orientation and Moral Development*. Totowa, NJ: Rowman & Littlefield Publishers. 岩男寿美子（監訳）（1986）もうひとつの声——男女の道徳観のちがいと女性のアイデンティティ．川島書店．
Goldberg, A.（2012）. *The Analysis of Failure*: An Investigation of Failed Cases in Psychoanalysis and Psychotherapy. New York: Routledge.
Goodman, D. M. & Severson, E. R.（2016）. Introduction: ethics as first psychology. In D. M. Goodman & E. R. Severson（eds.）, *The Ethical Turn*: Otherness and Subjectivity in Contemporary Psychoanalysis（pp. 1-18）. New York: Routledge.
Gorkin, M.（1987）. *The Uses of Countertransference*. Lanham, MD: Jason Aronson.
Greenberg, J. R.（1981）. Prescription or description: The therapeutic action of psychoanalysis. *Contemporary Psychoanalysis*, 17(2), 239-257.
Greenberg, J. R. & Mitchell, S. A.（1983）. *Object Relations in Psychoanalytic Theory*. Massachusetts: Harvard University Press, 1983. 横井公一・大阪精神分析研究会（訳）（2001）精神分析理論の展開——欲動から関係へ．ミネルヴァ書房．

Greenson, R. R. (1968). *The Technique and Practice of Psychoanalysis.* New York: International Universities Press.

Hegel, G. W. F. (1807). *Phänomenologie des Geistes.* Hamburg: Felix Meiner Verlag, 1988. 長谷川宏（訳）精神現象学. 作品社.

Heimann, P. (1950). On countertransference. *International Journal of Psycho-Analysis.* 31, 81-84.

Heimann, P. (1960). Countertransference. *British Journal of Medical Psychology* 33 9-15.

Hoffman, I. Z. (1983). The patient as interpreter of the analyst's experience. *Contemporary Psychoanalysis,* 19, 389-422.

Hoffman, I. Z. (1998). *Ritual and Spontaneity in the Psychoanalytic Process: A Dialectical-Constructivist View.* New York: Analytic Press.

Husserl, E. (1913). *Ideen zu einer reinen Phänomenologie und Phänomenologischen Philosophie*: Buch 1, Allgemeine Einführung in die reine Phänomenologie. 渡辺二郎（訳）（1979）イデーン――純粋現象学と現象学的哲学のための諸構想（1-1）. みすず書房.

Jacobs, L. (2017). On dignity, a sense of dignity, and inspirational shame. *Psychoanalytic Inquiry,* 37(6), 380-394.

Katz, C. (2016). Can one still be a Jew without Sartre?. In D. M. Goodman & E. R. Severson (eds.), *The Ethical Turn: Otherness and Subjectivity in Contemporary Psychoanalysis* (pp. 125-144), New York: Routledge.

Kohlberg, L. (1971). *From Is to Ought: How to Commit the Naturalistic Fallacy and Get Away with It in the Study of Moral Development.* New York: Academic Press.

Kohlberg, L. (1976). Moral stages and moralization: The cognitive-developmental approach. In T. Lickona (ed.), *Moral Development and Behavior. Theory, Research and Social Issues.* Holt, NY: Rinehart and Winston.

Kohut, H. (1959). Introspection, empathy, and psychoanalysis: An examination of the relationship between mode of observation and theory. In P. H. Ornstein (ed.), *The Search for the Self,* (vol.1, pp. 205-232). New York: International Universities Press.

Kohut, H. (1966). Forms and transformation of narcissism. In P. H. Ornstein (ed.), *Search for the Self,* (vol.1, pp. 427-460). New York: International University Press. 林直樹（訳）（1996）自己愛の諸形態とその変化. 自己心理学とヒューマニティ. 金剛出版, pp.121-147.

Kohut, H. (1968). The psychoanalytic treatment of narcissistic personality disorders: Outline of a systematic approach. In P. H. Ornstein (ed.), *The Search for the Self,* (vol.1, pp. 477-509).

Kohut, H. (1971). *Analysis of the Self: A Systematic Approach to the Psychoanalytic*

Treatment of Narcissistic Personality Disorders. New York: International Universities Press. 水野信義・笠原嘉（監訳）（1994）自己の分析．みすず書房．

Kohut, H. (1977). *The Restoration of the Self.* Connecticut: International Universities Press. 本城秀次・笠原嘉監訳（1995）自己の修復．みすず書房．

Kohut, H. (1978). Letter September, 9, 1978. In P. H. Ornstein (ed.), *The Search for the Self* (Vol.4, pp.570-577). Connecticut: International Universities Press.

Kohut, H. (1979). Four basic concepts in self psychology. In P. H. Ornstein (ed.), *The Search for the Self* (Vol.4, pp.447-470). Connecticut: International Universities Press.

Kohut, H. (1980a). Selected problems in self psychology theory. In P. H. Ornstein (ed.), *The Search for the Self* (Vol.4, pp.489-523). Connecticut: International Universities Press.

Kohut, H. (1980b). Letter January 8, 1980. In P. H. Ornstein (ed.), *The Search for the Self* (Vol.4, pp.645-648). Connecticut: International Universities Press.

Kohut, H. (1980c). Summarizing reflections. In A. Goldberg (ed.) *Advances in Self Psychology* (pp.473-554). New York: International Universities. 岡秀樹（訳）自己心理学とその臨床——コフートとその後継者たち．岩崎学術出版社, pp.225-309.

Kohut, H. (1981a). *Self Psychology and the Humanities: Reflections on New Psychoanalytic Approach.* New York: W. W. Norton. 林直樹（訳）（1996）自己心理学とヒューマニティ．金剛出版．

Kohut, H. (1981b). On empathy. In P. H. Ornstein (ed.), *The Search for the Self* (Vol.4, pp.525-535). Connecticut: International Universities Press.

Kohut, H. (1982). Introspection, empathy, and the semi-circle of mental health. *International Journal of Psycho-Analysis*, 63, 395-407.

Kohut, H. (1984). *How Does Analysis Cure?.* Chicago: The University of Chicago Press. 本城秀次・笠原嘉（監訳）（1995）自己の治癒．みすず書房．

Kohut, H., Wolf, E. S. (1978). The disorders of the self and their treatment: An outline. *International Journal of Psycho-Analysis*, 59, 413-425.

Kuhn, T. S. (1962). *The Structure of Scientific Resolution.* Chicago: University of the Chicago Press. 中山茂（訳）（1971）科学革命の構造．みすず書房．

Lachmann, F. M. (2008). *Transforming Narcissism: Reflection on Empathy, Humor, and Expectations.* New York: Analytic Press.

Levenson, E. A. (1974). Changing concepts of intimacy in psychoanalytic practice. *Contemporary psychoanalysis*, 10(3), 359-369.

Levy, J. (1995). Analytic stalemate and supervision. *Psychoanalytic Inquiry*, 15(2), 169-189.

Lichtenberg, J. D. (1989). *Psychoanalysis and Motivation.* Hillsdale, NJ: Analytic

Press.

Lichtenberg, J. D. (2001). Motivational systems and model scenes with special references to bodily experience. *Psychoanalytic Inquiry*, 21, 430–447.

Lichtenberg, J. D., Lachmann, F. M., & Fosshage, J. L. (1992). *Self and Motivational Systems: Towards A Theory of Psychoanalytic Technique*. Hillsdale, NJ: Analytic Press.

Lichtenberg, J. D., Lachmann, F. M. & Fosshage, J. L. (1996). *The Clinical Exchange*. Hillsdale, NJ: The Analytic Press. 角田豊（監訳）（2005）自己心理学の臨床と技法──臨床場面におけるやり取り．金剛出版．

Lichtenberg, J. D., Lachmann, F. M. & Fosshage, J. L. (2010). *Psychoanalysis and Motivational Systems: A New Look*. New York: Routledge.

Lingiardi, V. & McWilliams, N. (eds.) (2017). *Psychoanalytic Diagnostic Manual Second Edition*. New York: Guilford Press.

Little, M. (1951). Countertransference and the patient's response to it. *International Journal of Psychoanalysis*, 32, 32–40.

Little, M. (1960). Countertransference. *British Journal of Medical Psychology* 33 2931.

Livingston, L. R. (2000). Reflections on selfobject transferences and a continuum of responsiveness. *Progress in Self Psychology*, 16, 155–173.

Mahler, M. S., Pine, F., & Bergman, A. (1975). *The Psychological Birth of the Human Infant: Symbiosis and Individualism*. Basic Books.

丸田俊彦・森さち子（2003）．間主観性の軌跡──治療プロセス理論と症例のアーティキレーション．岩崎学術出版社．

McLaughlin, J. T. (1981). Transference, psychic reality, and countertransference. *The Psychoanalytic Quarterly*, 50(4), 639–664.

McWilliams, N. (2011). *Psychoanalytic diagnosis: Understanding personality structure in the clinical process. 2nd Edition*. New York: Guilford Press.

Meltzer, D. (1971). Sincerity: A study in the atmosphere of human relations. In *Sincerity and Other Works: The Collected Papers of Donald Meltzer* (pp.185–284). Karnac Books, 1994.

Miller, J. P. [Jr.] (1985). How Kohut actually worked. In A. Goldberg (ed.), *Progress in Self Psychology*, (vol. 1, pp. 13–32). New York: Guilford Press.

Mitchell, S. A. (1988). *Relational Concepts in Psychoanalysis. An Integration*. Cambridge MA: Harvard University Press.

Mitchell, S. (1993). *Hope and Dread in Psychoanalysis*. New York: Basic Books.

Mitchell, S. (1997). *Influence and Autonomy in Psychoanalysis*. Hillsdale, NJ: The Analytic Press.

Mitchell, S. (2000). *Relationality*. Hillsdale, NJ: The Analytic Press.

Mitchell, S. & Black, M. (1995). *Freud and Beyond*. New York: Basic Books.

Modell, A. H. (1988). The centrality of the psychoanalytic setting and the changing aims of treatment: A perspective from a theory of object relations. *The Psychoanalytic Quarterly*, 57(4), 577-596.

Ogden, T. H. (1994). *Subjects of Analysis*. Northvale, NJ: Jason Aronson.

Ogden, T. H. (1997). *Reverie and Interpretation: Sensing Something Human*. Northvale, NJ: Jason Aronson. 大矢泰士（訳）(2006) もの想いと解釈――人間的な何かを感じること．岩崎学術出版社．

小此木啓吾（編集代表）精神分析事典．岩崎学術出版社．

Orange, D. M. (1993). Countertransference, empathy, and the hermeneutical circle. *Progress in Self Psychology*, 9, 247-256.

Orange, D. M. (1995). *Emotional Understanding: Studies in Psychoanalytic Epistemology*. New York: Guilford Press.

Orange, D. M. (2011). *Suffering Stranger: Hermenutics for Everyday Clinical Practice*. New York. Routledge.

Orange, D. M. (2013). Unsuspected shame: Responding to Corpt's "Peasant in the Analyst's Chair: Reflections, Personal and Otherwise, on Class and the Forming of an Analytic Identity" *International Journal of Psychoanalytic Self Psychology*, 8, 70-76.

Orange, D. M. (2014a). What kind of ethics?: Loewald on responsibility and atonement. *Psychoanalytic Psychology*, 31, 560-569.

Orange, D. M. (2014b). "A Psychotherapy for the People: Toward a Progressive Psychoanalysis," by Lewis Aron and Karen Starr: A Book Review Essay. *International Journal of Psychoanalytic Self Psychology*, 9, 54-66.

Orange, D. M. (2016a). Is ethics masochism? Or infinite ethical responsibility and finite human capacity. In D. M. Goodman & E. R. Severson (eds.), *The Ethical Turn: Otherness and Subjectivity in Contemporary Psychoanalysis* (pp. 57-74). New York: Routledge.

Orange, D. M. (2016b). *Nourishing the Inner Life of Clinicians and Humanitarians: The Ethical Turn in Psychoanalysis*. New York: Routledge.

Orange, D. M. (2017). *Climate Crisis, Psychoanalysis, and Radical Ethics*. New York: Routledge.

Orange, D. M., Atwood, G. E., & Stolorow, R. D. (1997). *Working Intersubjectively: Contextualism in Psychoanalytic Practice*. Hillsdale, NJ: Analytic Press.

Piaget, J. (1970). *The Place of the Science of Man in the System of Sciences*. New York: Harber & Row, 1974.

Pickles, J. (2006). A systems sensibility: Commentary on Judith Teicholz's "Qualities of Engagement and the Analyst's Theory". *International Journal of Psychoanalytic Self Psychology*, 1, 301-315.

Preston, L. & Shumsky, E. (2002). From an empathic stance to an empathic dance: empathy as bidirectional negotiation. In A. Goldberg (ed.), *Progress in Self Psychology* (vol. 18, pp. 47–63). Hillsdale, NJ: Analytic Press.

Racker, H. (1968). *Transference and Countertransference*. London: The Hogarth Press and the Institute of Psycho-Analysis.

Reich, A. (1951). On countertransference *International Journal of Psychoanalysis*, 33, 25–31.

Reich, A. (1960). Further remarks on countertransference *International Journal of Psycho-Analysis*, 41, 389–395.

相良亨（1980）．誠実と日本人．ペリカン社．

佐久間正（1977）．時処位論の転回——藤樹から蕃山へ．日本思想史研究, 10, 28–39.

佐久間正（1978）．熊沢蕃山の経世済民の思想——その基本的構成と社会的機能．日本思想史研究, 10, 1–13.

Sander, L. (1983) Polarity paradox, and the organizing process in development. In J. D. Call, E. Galenson & R. Tyson (eds.), *Frontiers of Infant Psychiatry* (pp. 315–327). New York: Basic Book.

Sander, L. (1985). Toward a logic of organization in psycho-biological development. In K. Klar & L. Siever (eds.), *Biologic Response Style: Clinical Implications* (pp. 20–36). Washington, DC: Monograph Series American Psychiatric Press.

Sander, L. (2008). The awareness of inner experience: A systems perspective on self-regulatory process in early development. In G. Amadei, and I. Bianchi, I (eds.), *Living Systems, Evolving Consciousness, and the Emerging Person: A Selection of Papers from the Life Work of Louis Sander*. (pp. 205–214). New York: The Analytic Press.

Sandler, J. (1976). Countertransference and role-responsiveness. *International Review of Psycho-Analysis*, 3(1), 43–47.

Sandler, J., Dare, C. & Holder, A. (1973). *The Patient and the Analyst: The Basis of the Psychoanalytic Process*. London: Allen & Unwin.

Schore, A. (1999). *Affect Regulation and the Origin of the Self: The Neurobiology of Emotional Development*. Psychology Press.

Searles, H. F. (1979). *Countertransference and Related Subjects: Selected Papers*. Madison, CT: International Universities Press, Inc.

Seligman, S. (2005). Dynamic systems theories as a metaframework for psycho-analysis. *Psychoanalytic Dialogues*, 15, 285–319.

下川玲子（2001）．北畠親房の儒学．ぺりかん社．

Spivak, G. C. (1990). *The Post-Colonial Critic: Interviews, Strategies, Dialogues*. Psychology Press.

Stern, D. B. (1983). Unformulated experience: From familiar chaos to creative

disorder. *Contemporary Psychoanalysis*, 19, 71-99.
Stern, D. B. (1997). *Unformulated Experience. From Dissociation to Imagination in Psychoanalysis*. Hillsdale, NJ: The Analytic Press.
Stern, D. N. (1985). *The Interpersonal World of the Infant: A View from Psychoanalysis and Developmental Psychology*. New York: Basic Books.
Stolorow, R. D. (1975). Toward a functional definition of narcissism. *The International journal of psycho-analysis*, 56, 179.
Stolorow, R. D. (1986). Critical reflections on the theory of Self Psychology: An inside view. *Psychoanal. Inquiry*, 6, 387-402.
Stolorow, R. D. (1999). The phenomenology of trauma and the absolutisms of everyday life: A personal journey. *Psychoanalytic Psychology*, 16(3), 464.
Stolorow, R. D. (2004). Autobiographical reflections on the intersubjective history of an intersubjective perspective in psychoanalysis. *Psychoanalytic Inquiry*, 24(4), 542-557.
Stolorow, R. D. (2007). *Trauma and Human Existence: Autobiographical, Psychoanalytic, and Philosophical Reflections*. New York: Routledge.　和田秀樹(訳) トラウマの精神分析──自伝的・哲学的省察．岩崎学術出版社．
Stolorow, R. D. (2010a). Individuality in context: The relationality of finitude. In R. Frie & W. J. Coburn (Eds.), *Person in Context: The Challenge of Individuality in Theory and Practice* (pp.59-68). New York: Routledge.
Stolorow, R. D. (2010b). *World, Affectivity, Trauma: Heidegger and Post-Cartesian Psychoanalysis*. New York: Routledge.
Stolorow, R. D. (2011). From mind to world, from drive to affectivity: A phenomenological-contextualist psychoanalytic perspective. *Attachment: New Directions in Psychotherapy and Relational Psychoanalysis*, 5(1), 1-14.
Stolorow, R. D. (2013). Intersubjective-systems theory: A phenomenological-contextualist psychoanalytic perspective. *Psychoanalytic Dialogues*, 23, 383-389.
Stolorow, R. D. & Atwood, G. (1992). *Context of Being: The Intersubjective Foundation of Psychological Life*. Hillsdale, NJ: Jason Aronson.
Stolorow, R. D., Atwood, G. E. & Orange, D. M. (1999). Kohut and contexualism: Toward a post-Cartesian psychoanalytic theory. *Psychoanalytic Psychology*, 16(3), 380-388.
Stolorow, R. D., Atwood, G. E. & Orange, D. M. (2002). *Worlds of Experience: Interweaving philosophical and Clinical Dimensions in Psychoanalysis*. New York: Basic Books.
Stolorow, R. D., Brandchaft, B. & Atwood, G. E. (1987). *Psychoanalytic Treatment: An Intersubjective Approach*. Hillsdale, NJ: Analytic Press.
Stolorow, R. D. & Lachmann, F. M. (1980). *Psychoanalysis of Developmental Arrests*:

Theory and Treatment. Connecticut: International Universities Press.

Strozier, C. B. (2001). *Heinz Kohut: The Making of a Psychoanalyst*. New York: Farrar, Straus & Giroux. 羽下大信・富樫公一・富樫真子（訳）（2011）ハインツ・コフート――その生涯と自己心理学．金剛出版．

ストロジャー・C・B・富樫公一（2013）．コフート理論に含まれる関係性の側面．富樫公一（編著）ポスト・コフートの精神分析システム理論．誠信書房，pp.17-33.

Sucharov, M. (1996). Listening to the empathic dance: A rediscovery of the therapist subjectivity. Presented at 19th annual Conference on the Psychology of the Self. Washington, D.C.

Sucharov, M. (2002). Representation and the intrapsychic: Cartesian barriers to empathic contact. *Psychoanalytic Inquiry*, 22, 686-707.

Sucharov, M. (2014). Returning to the infinite—Kohut's empathy, Levinas's Other, and the ethical imperative: Discussion of articles by Doris Brothers and Joseph Lichtenberg. *Psychoanalytic Inquiry*, 34, 780-787.

Tauber, A. I. (2010). *Freud, the Reluctant Philosopher*. Princeton University Press.

Togashi, K. (2009). A new dimension of twinship selfobject experience and transference. *International Journal of Psychoanalytic Self Psychology*, 4(1), 21-39.

Togashi, K. (2011). Contemporary self psychology and cultural issues: "Self-place experience" in an Asian culture. In *Psychoanalytic Lecture Series: Self Psychology*, vol.9 (pp. 225-246). Taipei: Pro-Ed Publishing Company.

Togashi, K. (2012). Mutual finding of oneself and not-oneself in the other as a twinship experience. *International Journal of Psychoanalytic Self Psychology*, 7(3), 352-368.

Togashi, K. (2014a). Is it a problem for us to say, "It is a coincidence that the patient does well"? *International Journal of Psychoanalytic Self Psychology*, 9(2), 87-100.

Togashi, K. (2014b). From search for a reason to search for a meaning: Response to Margy Sperry. *International Journal of Psychoanalytic Self Psychology*, 9(2), 108-114.

Togashi, K. (2014c). A sense of "being human" and twinship experience. *International Journal of Psychoanalytic Self Psychology*, 9(4), 265-281.

Togashi, K. (2014d). Certain and uncertain aspects of a trauma: response to Doris Brothers. *International Journal of Psychoanalytic Self Psychology*, 9(4), 289-296.

Togashi, K. (2015a). The value of living with uncertainty and its relevance for analytic work: The future of psychoanalysis. 精神分析講台自體心理學等（之十二～之十三合訂本, pp. 279-294）學富文化有限公司．

Togashi, K. (2015b). Trauma: Being thrown into the world without informed consent. Paper Presented for the 2015 Taiwan Self Psychology Conference, Taipei,

Taiwan, December, 20, 2015.

Togashi, K.(2016). From traumatized individuality to being human with others: Intersubjective taboo and unspoken reality. Paper presented at the 39th Annual International Conference on the Psychology of the Self. Boston, MA.

Togashi, K.(2017a). Being thrown into the world without informed consent. *Psychoanalysis, Self and Context*, 12(1), 20–34.

Togashi, K.(2017b). An Asian ethical perspective on sincerity in psychoanalysis. Paper presented at the Psychology & the Other 2017 Conference, Boston Massachusetts.

Togashi, K.(2017c). Beyond the guilt of being: Surrender to the psychoanalytic zero. Paper presented at the 14th Conference on the IARPP, Sydney, Australia.

Togashi, K.(2017d). Therapeutic sincerity in the intersubjective field. Paper presented at 40th Annual IAPSP Conference, Chicago.

Togashi, K.(2017e). Narrative as the Zero; The vacuum state from which the world emerges in a psychoanalytic relationship. Paper presented at the 14th Conference on the IARPP, Sydney, Australia.

富樫公一(2011a).コフート,ストロロウの功績.岡野憲一郎・吾妻壮・富樫公一・横井公一(著)関係精神分析入門.岩崎学術出版社,pp.89–101.

富樫公一(2011b).関係精神分析と自己心理学.岡野憲一郎・吾妻壮・富樫公一・横井公一(著)関係精神分析入門.岩崎学術出版社,pp.116–132.

富樫公一(2011c)システム理論との違い.関係精神分析入門.岩崎学術出版社,pp.133–153.

富樫公一(2011d).ミッチェルの治療論.岡野憲一郎・吾妻壮・富樫公一・横井公一(著)関係精神分析入門.岩崎学術出版社,pp.206–219.

富樫公一(2013a).現代自己心理学のシステム理論が注目する世界.ポスト・コフートの精神分析システム理論.誠信書房,pp.1–8.

富樫公一(2013b).コフートの共感と関係性.富樫公一(編著)ポスト・コフートの精神分析システム理論.誠信書房,pp.206–219.

富樫公一(2016a).不確かさの精神分析――リアリティ,トラウマ,他者をめぐって.誠信書房.

富樫公一(2016b).精神分析の倫理的転回――間主観性理論の発展.岡野憲一郎(編著)臨床場面での自己開示と倫理――関係精神分析の展開.岩崎学術出版社,pp.156–172.

富樫公一(2016c).ポストコフートの自己心理学.精神療法,42(3),320–327.

富樫公一(2017).自己対象概念再考:その概念はどこへ向かったのか.日本精神分析的自己心理学協会研究グループ定例会 2017 発表原稿,2017 年 6 月.

富樫公一(2018)自己心理学の世界地図.精神療法増刊第 5 号 精神分析の未来地図,30–37.

Togashi, K. & Brothers, D. (2015). Trauma research and self psychology: How 9/11 survivors integrate the irrationality of wide-scale trauma. Paper Presented for the 38th Annual IAPSP Conference, Los Angeles, California, October 17, 2015

Togashi, K., & Kottler, A. (2012). The many faces of twinship: From the psychology of the self to the psychology of being human. *International Journal of Psychoanalytic Self Psychology*, 7(3), 331–351.

Togashi, K. & Kottler, A. (2015). *Kohut's Twinship across Cultures: The Psychology of Being Human*. London & New York: Routledge.

Togashi, K., & Kottler, A. (2018). Contemporary self psychology and the treatment of traumatized patients. In. B. Huppertz (ed.) *Traumatized People: Psychotherapy seen through the Lens of Diverse Specialist Treatments* (pp. 323–332). Lanham, MD: Lexington Books.

Tønnesvang, J. (2002). Selfobject and selfsubject relationship. In A. Goldberg (Ed.), *Progress in self psychology* (Vol. 18, pp. 149–166). New York: The Analytic Press.

Trevarthan, C. (2004). Learning about ourselves, from Children: Why a growing human brain needs interesting companions. *Research and Clinical Center for Child Development, Annual Report*, 26, 9–44.

Tronick, E. Z. (1989). Emotions and emotional communication in infants. *American Psychologist*, 44(2), 112–119.

Tronick, E. Z. (2003). Of course all relationships are unique: How co-creative processes generate unique mother-infant and patient-therapist relationships and change other relationships. *Psychoanalytic Inquiry*, vol. 23(3), 473–491.

Weisel-Barth, J. (2015). An ethical vision: Response Drozek's "The Dignity in Multiplicity." *Psychoanalytic Dialogues*, 25, 463–471.

Winnicott, D. W. (1949). Hate in the countertransference. *International Journal of Psycho-Analysis*, 30, 69–74.

Winnicott, D. W. (1960). The Theory of the parent-infant relationship. *International Journal of Psycho-Analysis*, 41, 585–595.

Wolf, E. (1988). *Treating the Self*. New York: Guilford Press. 安村直己・角田豊（訳）自己心理学入門――コフート理論の実践．金剛出版．

Wolman, B. B. (1966). Transference and countertransference as interindividual cathexis. *Psychoanalytic review*, 53(2), 91.

人名索引

Alexander, F.　99
Armnoy, N.　129
Aron, L.　171, 173, 180
Atwood, G. E.　61, 132, 144, 171

Bacal, H. A.　119, 167, 168
Balint, M.　6
Baraitser, L.　58, 121, 122, 153
Beebe, B.　145, 191, 192, 199
Benjamin, J.　8, 9, 37, 61, 98, 106, 121, 125, 146～156, 158, 159, 170, 174～178, 199
Bhatia, S.　62
Brandchaft, B.　61, 144
Breuer, J.　123
Brothers, D.　48, 83
Butler, J.　58

Chodorow, N.　9, 61, 146, 147, 149
Coburn, W. J.　50

Fosshage, J. L.　133, 145
French, T. M.　99
Freud, A.　199
Freud, S.　xiv, 9, 43, 54, 58, 60, 94, 111, 112, 123, 128, 136, 147, 199

Gadamer, H. G.　14, 124, 200, 201
Ghent, E.　125, 152, 153, 158
Gilligan, C.　61, 146, 147
Gill, M. M.　130, 145, 146, 199
Goldberg, A.　180
Goodman, D. M.　54, 56

Gorkin, M.　129
Greenberg, J. R.　xiii, 60, 145, 146
Hegel, G. W. F.　10
Heidegger, M.　178, 200
Heimann, P.　129
Hoffman, I. Z.　60, 146
Husserl, E.　11

Klein, M.　199, 202
Kohlberg, L.　146, 147
Kohut, H.　7, 28～33, 41, 43, 46, 60, 69 ～75, 77, 81, 84～113, 123, 127, 130, 131, 136, 144～146, 186～188, 199

Lachmann, F. M.　111, 144～146, 191, 192, 199
Levenson, E. A.　63
Lévinas, E.　38, 49, 58
Levy, J.　180
Lichtenberg, J. D.　145
Livingston, L. R.　107

McLaughlin, J. T.　130
McWilliams, N.　169
Meltzer, D.　63
Miller, J. D.　113
Mitchell, S.　8, 60, 145, 146, 199
Modell, A. H.　7

Ogden, T.　150, 159
Orange, D. M.　13, 15, 38, 49, 57～59, 133, 199

Preston, L. 110

Sandler, J. 128
Searles, H. F. 129
Severson, E. R. 54, 56
Shafer, R. 145
Shumsky, E. 110
Stern, D. 61, 146
Stolorow, R. D. 13, 15, 16, 44, 48, 61, 80, 83, 86, 105, 106, 114, 132, 144~146, 149, 150, 152, 159, 160, 170~173, 177, 178, 187, 188, 199
Sucharov, M. 50, 110

Tauber, A. I. 54
Tolpin, M. 105
Tønnesvang, J. 98

Winnicott, D. W. 7, 199, 202
Wolf, E. 86, 131
Wolman, B. B. 129, 130, 135

事項索引

あ行

アーティキュレーション　5
愛着　43, 45, 56, 77
　──研究　41
安奈［症例］　77〜80
行き詰まり　159, 165, 166, 170, 171, 173, 177
一方向　73
　──一者心理学　61
　──二者心理学　103
一蓮托生　76
一者心理学　19, 85, 146, 158, 165, 170, 187, 196, 198
異文化　15, 20
意味づけ　44, 46, 50, 113, 134, 188, 197, 198
意味了解の共同作業　5, 15
intersubjectivity　143, 149, 151
intersubjective conjunction　5, 118, 132, 170
intersubjective disjunction　5, 15, 132, 170
インプリシット・プロセス　43, 134, 187, 191〜193
宇宙的自己愛　88
永遠に了解できない他者（radical altcrity）　121, 122
エクスプリシット・プロセス　43, 134, 192
エナクトメント　5, 45, 46, 139, 175
オーガナイジング・プリンシプル（organizing principle）　11, 13, 118, 132, 149〜152, 159, 160, 171, 172, 178, 201
authenticity　5, 106
authentic　51, 138, 139
オープンシステム　150
observing third　159, 176
折り合いをつける（negotiate）　152

か行

解釈　vi, 4, 5, 11, 14, 15, 17, 44, 48, 59, 61, 83, 97, 99, 106, 108, 111〜113, 118, 125, 126, 129, 131, 134, 146, 165〜167, 174, 189, 197, 201
　──的作業　14
解釈学　56, 200
　──的状況　14
外傷的　80
開放系　43
会話のターン　193
加害者　17, 24, 26, 27, 35〜39, 58, 65, 66, 83, 154〜156
加害性　25, 26, 34〜36, 40
加害・被害　35, 36
　──関係　36
格率　63, 121, 158
葛藤　10
可能性の領域　48, 126
可謬性　59, 120
関係システム　43, 44, 167, 169, 198
関係性　57, 86, 129, 146, 147, 167, 169
　──の視座　vi
　──への転回（Relational Turn in Psychoanalysis）　v, vi, 56, 85, 87,

108, 170, 181, 187
──理論　　xiii, 5, 41, 143
関係精神分析　　iv, vi, 8, 60, 61, 85, 106, 110, 119, 143, 145, 149, 170, 199
関係内自己　　8, 147
関係の水準　　96
関係プロセス　　170
関係論　　121, 127, 165, 166
還元主義　　18
間主観性　　5, 143, 149
──の感性　　166
──モデル　　105, 106
間主観性システム理論　　iv, vi, xiii, 16, 44, 53, 57, 85, 106, 108, 110, 114, 116, 119, 127, 130, 132, 135, 145, 149, 159, 160, 170, 173, 177, 178, 181, 186〜188, 199, 202
間主観性理論　　3, 5, 6, 18, 22, 23, 44, 51, 98, 106, 143, 145, 151, 152, 170, 174, 177, 181
間主観的　　5, 56, 61, 134, 188, 196
──関係　　158
──感性　　9
──視座　　11, 19
──システム　　173
──スペース　　193
──タブー　　160, 196, 198
──出会い　　17
──フィールド　　11, 13, 14, 17, 150, 161, 178
──プロセス　　v
──文脈　　44
間主観的つながり（intersubjective conjunction）　　118, 132, 159, 160, 171, 172, 177, 178
間主観的へだたり（intersubjctive disjunction）　　15, 132, 159, 171, 172, 177, 178
記述と処方の問題　　xiv

機能　　94, 103
自己を支える──　　99
自分とは別の人の──　　102
心理的──　　86, 87
基本的不具合　　6
逆抵抗　　131
逆転移　　vi, 10, 12, 127〜133, 135〜137, 139
鏡映　　112, 131
──体験　　30, 71, 77
鏡映転移　　28, 70, 88, 89, 96, 97
狭義の──　　96
共感　　vi, 49, 50, 51, 56, 64, 74, 88, 102〜106, 108〜111, 113, 118, 126, 131, 146, 165, 166, 172, 201
──的理解　　123
共転移　　5, 127, 133〜138
共同的に了解された意味　　44
共謀　　157, 166
偶然　　39, 48, 76, 77, 80, 83, 84, 179
──か必然か　　48
偶然性　　39, 48, 59, 76, 80, 162, 178, 180
現在性　　14
顕在内容　　111, 113
現実　　11
現象学的文脈主義　　41, 44〜46, 114, 187, 188
現代自己心理学　　41, 43, 51, 127, 130, 133, 135, 143, 149, 181, 186
──者　　108, 127
高追跡状態　　193
交流以前　　197
誤差　　120
根源的他者　　122, 137
complementarity　　118, 154, 170, 174, 177

さ行

サード　　106, 143, 150, 156〜159, 174〜

179
差異性　75
差別　iii
サレンダー（surrender）　107, 125, 152, 153, 156, 158, 162, 174～177, 198
三者関係　6
三番目　162
ジェノサイド　75
ジェンダー　9, 20
　　——自己　8, 147
視覚　38
自我心理学　v, 7, 8, 46, 85, 92, 113, 146, 187
自己　7, 8, 59～61, 71, 86, 87, 90～95, 97, 112, 132, 147, 151
　　——体験　86
　　自己愛的——　88
自己愛　7, 8, 27～29, 71, 86～88, 90, 91, 96, 98, 130, 144, 165, 185
　　——の諸形態とその変化　87～89
　　——リビドー　89
自己愛性パーソナリティ障害　27, 30, 70, 71, 88, 89, 91, 112, 144, 186
自己愛転移　28, 70, 71, 89, 90
試行錯誤　113
　　——のプロセス　109
自己開示　106, 129
自己感覚　155
自己‐自己対象　93, 99, 101
　　——関係　93, 101, 144, 187
　　——という単位　101
　　——ユニット　93, 101, 102
自己主体関係　98
自己心理学　v, 41, 42, 46, 47, 85, 92, 100, 107, 108, 111, 127, 131, 144, 145, 165, 166, 170, 186, 187, 199, 202
自己心理学者
　　伝統的——　127
自己体験　vi, 86, 93～96, 98, 131, 144, 186, 187
自己‐対象　89, 92, 93, 95
　　——転移　90, 92, 98
自己対象　vi, 85～87, 91～97, 100～105
　　——がいる　101
　　——が変わらぬ関心を向けてくれる　101
　　——関係　98, 99, 107
　　——機能　95, 97, 104, 131
　　——体験　43, 69, 71, 72, 102, 107
　　——転移　71, 112, 144, 187
　　——ニード　43, 131
　　——に囲まれている　101
「自己他者」モデル　102
『自己の修復』　90
自己の心理学　47, 69, 71, 92
『自己の治癒』　92, 93
『自己の分析』　89, 96
時処位（論）　63, 121
システム　44, 46, 57, 65, 160, 171, 187
　　——理論　45, 145
自他の分化　96
自他未分化　86, 91, 92, 96, 185
至適な欲求不満　95
自分の分身（chip off the old block）　74
自分を見ているようだ　75
修正感情体験　99
従属　4, 32, 125, 153, 156
　　——のサード（subjugating third）　159
主観（体）性　12, 61, 105, 107, 109, 110, 116, 129, 132, 135, 146, 151, 171
主観的　86
　　——真実　134
　　——世界　114, 138, 145, 176
　　——体験　104, 129, 187
主体　85, 87, 93, 102, 104, 111, 123, 148,

152, 155, 159, 162, 174
　——的関与　103
　——としての子ども　149
　——としての他者（母親）　148
　——としての母　148
主体性　4, 30～32, 37, 61, 70, 73, 75, 98, 99, 106, 107, 121, 122, 125, 146, 149, 151 ～156, 158, 159, 163, 168, 174, 178
状況　10, 14, 16
状況的（situated）存在性　200
正直　82, 106, 121
情緒的確信　13
承認　156
所有　90, 148, 179
　——する空想　29
人種差別　35, 36, 39
診断　xii, 11, 15, 55, 165～167, 169
信頼の解釈学　13
心理的栄養　102, 103, 110
心理的機能　98, 100, 106
心理的プロセス　132
誠実　63, 121
精神分析実践　42, 48, 51, 114, 188
精神分析的ゼロ　xv, 126, 159, 197, 198
　——へのサレンダー　162
精神分析プロセス　188
責任　iv, vi, 25, 50, 53, 59, 76, 122, 197
摂動　182
ゼロ　xiv, 161, 198
　——の瞬間　162
　——のポイント　xiii, xv, 17～19
先験的態度　15
潜在内容　111, 113
前自省的（pre-reflective）　150
先入見　13～15, 20, 23, 200, 201
双極性自己　43
相互交流　v, 132, 134, 143, 181, 187, 193, 196
　——システム　111

　——調整　154
　——のプロセス　192
　——モデル　51, 191
　治療的——　117
相互承認　37, 56, 98, 121, 151, 156
　——理論　106, 125
相互性　105
相互的影響　43, 61, 171
蒼古的対象　89
相互発見プロセス　75, 178
操作不可能性　127, 135, 138, 139
双方向　110
　——的なモデル　110
　——的二者心理学　146
　——的プロセス　73, 111, 170
　——二者心理学　61
　——モデル　198

た行

第三（サード）　143, 150, 152, 175
　——の主体　158
　——の領域　159, 161
　——プロセス　106
対象　v, xii, 42, 49～51, 60, 85, 86, 93～97, 99, 103, 122, 132, 147, 148, 174, 187
　——として体験された治療者　104
　——としての子ども　149
　——としての母親　148
　自己対象の中の——　87, 94
対象愛　98
対象化　129, 179, 198
対象関係　8, 9, 91
　——論　v, 8, 92, 145, 147
　——論的フェミニズム　149
対人関係　8
　——論　93, 145
大洋感情　88
確かさ　xii
『他者』　49

永遠の——　v
他者　iv, vi, 20, 25, 29〜32, 41, 50, 53〜62, 72, 74, 85〜87, 91, 93〜96, 98, 99, 101〜103, 105, 109〜111, 117, 122, 132, 144, 147, 151〜153, 156, 176〜178, 187
　——としての治療者　104
　——との本質的類似性の感覚　74
　——の機能　101, 102
　患者によって承認された——　97
　自己対象に含まれる——　87
　「自己対象」の中の——　96
他者性　37, 49, 56, 106, 138, 178
脱中心化　150, 151, 172, 173, 177, 179
タブー　160
抽象化　39, 147, 177, 179
治療的行き詰まり　160, 161, 164, 172, 176
治療的相互交流　188
治療的二者関係　154, 174, 181, 187
治療的プロセス　130
通約不可能性　50
つばさ［症例］　114, 115, 117, 118, 120, 123, 182〜198
出会い　iii, iv, vi, xi〜xv, 14, 16, 19, 20, 53〜55, 76, 80, 120, 121, 138, 152, 161, 162, 176, 179, 181, 197
抵抗　16, 17, 42, 44, 111, 128, 157, 165, 166, 170
データ収集　103
　——のツール　105
　——の道具　102
デカルト的二分法　132
転移　vi, 6, 7, 16, 17, 42, 44, 80, 89, 96, 97, 111〜113, 128, 130, 133, 135, 144, 166, 170, 186
　——抵抗　111
　——様の治療的状態　89
転移・逆転移　135
　——相互交流　130

伝統　14, 15, 20, 201
doer and done-to　154, 158, 170, 174, 177
two-ness　154, 155
動機づけ　45
　——システム理論　42, 43, 145
当事者　25, 27, 32, 36, 40, 179, 180
動的システム　43, 44
　——理論　144
道徳性発達理論　146
特異性理論　42, 43, 168
トラウマ　17, 36, 48, 51, 56, 57, 81〜84, 178
　——化　17, 48, 83, 150, 162

な行

二項対立　7〜10, 20
二者関係　xv, 6, 17, 49, 61, 80, 129, 135, 136, 143〜145, 150, 152, 154, 158, 166, 167, 177, 188
　——システム　42, 43, 192
　——の文脈　44
　——フィールド　166
　——プロセス　vi, 42, 152, 169
　精神分析的——　119
二者心理学　5〜8, 12, 18, 169, 170, 198
二者択一（complementarity）　118, 154, 155, 174, 175, 177
日常生活の絶対性　48
二分法　151
乳児研究　41
　——に基づく動的システム理論　42, 43, 192
　——に基づく二者関係の動的システムモデル　111
乳児と母親の実証的相互交流理論　145
人間　39, 47, 49, 84, 101
　——だと感じる　72

人間性　　iii, vi, xv, 55, 81
　　――喪失　　iv
人間存在　　48
人間である　　69, 73, 75
　　――ことの心理学　　41, 46, 47, 51, 69, 81
人間的　　iv, vi, 25, 54, 59, 62, 64, 81, 181
　　――な瞬間　　17
　　――な出会い　　xiii
negotiate　　152

は行

覇権主義　　60, 62, 64
場所　　76
非意識　　193
被害 - 加害
　　――関係　　37, 38, 40
被害者　　17, 24, 27, 35～39, 58, 65, 66, 83, 154, 155, 164
悲劇　　162
悲劇性　　31, 47, 48
非線形　　43, 44, 119
　　――動的システム理論　　41, 42, 45, 134, 145, 187
　　――のシステム論　　169
必然　　48, 80
人　　99, 102
　　――が人らしく生きる環境を作るもの　　102, 110
　　――どうしの心の反響　　102, 103, 110
　　――らしさ　　xii
被投性　　200
人に囲まれて生きている人　　69, 72, 75～77, 80
　　――の体験　　101
非人間化　　38
病理　　10, 11, 34, 42, 48, 61, 81, 86, 117, 165, 166, 187, 189

非倫理的　　26
フェミニズム　　8, 57, 61, 147
　　――精神分析　　vi, 60, 146, 149
不確実性　　51, 119, 124
不可知性　　119, 127, 135, 137～139
複雑系理論　　43
服従（submission）　　75, 107, 125, 126, 152, 153, 159
不条理　　83
双子　　112
　　――自己対象体験　　69, 71
　　――体験　　30, 69, 73～77, 84
　　――転移　　28, 74, 96, 97, 101, 107
不確かさ　　41, 47, 48, 83, 120
プロセス　　xiii, xiv, 7, 19～21, 23, 42, 43, 48, 56, 77, 80, 98, 104, 105, 110, 116, 118, 134, 136, 143, 145, 150, 152, 168, 174, 175, 178, 181, 197
　　――主義　　19, 181
　　――理論　　168
　　関係――　　vi
分断　　17, 36, 132
文脈　　10, 16, 19, 37, 44, 46, 49, 60, 98, 104, 105, 132, 136, 146, 151, 152, 176, 177, 187, 188
　　――主義　　114
　　――のない瞬間　　xi, xiii, xiv
　　関係の――　　42
　　間主観的――　　114
弁証法　　8, 9, 11, 20, 75, 153
　　――的止揚　　174
　　――的対話　　202
変容性内在化　　94, 95, 112
傍観者　　25, 27
暴力　　iii, iv, 4, 23, 25～27, 31, 32, 35, 37～39, 53, 56, 57
母子関係　　9
ポスト・モダニズム　　7, 8
ポスト・モダン　　60

本質的類似性　30, 72, 112
　──の感覚　72, 75, 101
本来的（authentic）　51, 139

ま行

間　193
誠　63, 119, 121
マゾキズム　147, 153
みずほ［症例］　138, 139
みゆき［症例］　81, 82, 160, 161
矛盾　10, 11

や行

闇の中の同朋　16
やるかやられるか（doer and done-to）
　154, 155, 158, 174, 177
有限性　41, 47, 48, 80, 83, 84
融合転移　97, 131
欲望の主体　153
　──としての母　9, 147
欲望の対象　153
　──としての母　9, 147
予測可能性　136
予測不可能性　41～43, 47, 51, 119, 127,
　135, 138, 139

ら・わ行

倫理的転回　iv～vi, xiii, 23, 61
理想化　30, 71, 74, 88, 89, 112, 130, 131
　──体験　77
　──転移　28, 70, 88, 90
理想化自己対象
　──ニード　168
了解不能性　20, 41, 49
臨床実践　55, 56, 60, 64, 65, 136, 181
臨床的行き詰まり　174
倫理　iii, 3, 5, 20, 22, 37, 38, 51, 63, 123,
　137, 147, 176, 178, 180
　──思想　63
　──的意味　vi, 61
　──的応答　50
　──的かかわり　xiii, 122
　──的感性　176
　──的視座　vi
　──的態度　iv, 20
　──的対話　166
　──敏感さ　66
　──問題　57
　カント的──　63
倫理的転回　22, 24～26, 36, 41, 49, 53
　～56, 58～60, 62, 64～66, 69, 85, 108,
　119, 121, 137, 166, 181
類似性　75
歴史性　14
ローカルレベル　43, 181, 192
私の中にあなたを見てもらいたい　74
one-ness　156

著者略歴

富樫公一（とがし　こういち）
NY 州精神分析家ライセンス，臨床心理士，NAAP 認定精神分析家，博士（文学）
2001～2006年　NPAP 精神分析研究所，TRISP 自己心理学研究所（NY）留学
2003～2006年　南カリフォルニア大学東アジア研究所　客員研究員
2006～2012年　広島国際大学大学院准教授（2007年まで助教授）
専　攻　精神分析・臨床心理学
現　職　甲南大学文学部教授，TRISP 自己心理学研究所ファカルティ，栄橋心理相談室精神分析家
著訳書　Kohut's Twinship Across Cultures: The Psychology of Being Human（共著，Routledge），不確かさの精神分析（誠信書房），ポスト・コフートの精神分析システム理論（誠信書房，編著），関係精神分析入門，臨床場面での自己開示と倫理（以上共著，岩崎学術出版社），ラックマン他＝乳児研究と成人の精神分析（誠信書房，監訳），ストロジャー＝ハインツ・コフート（金剛出版，共訳）など

精神分析が生まれるところ
―間主観性理論が導く出会いの原点―
ISBN978-4-7533-1141-5

著　者
富樫　公一

2018年10月29日　第1刷発行

印刷　(株)新協　／　製本　(株)若林製本工場

発行所　(株)岩崎学術出版社　〒101-0062 東京都千代田区神田駿河台3-6-1
発行者　杉田　啓三
電話 03(5577)6817　FAX 03(5577)6837
©2018　岩崎学術出版社
乱丁・落丁本はおとりかえいたします　検印省略

臨床場面での自己開示と倫理──関係精神分析の展開
岡野憲一郎編著　吾妻壮・富樫公一・横井公一著
精神分析の中核にある関係性を各論から考える　　　　　本体3200円

関係精神分析入門──治療体験のリアリティを求めて
岡野憲一郎・吾妻壮・富樫公一・横井公一著
治療者・患者の現実の二者関係に焦点を当てる　　　　　本体3200円

精神力動的サイコセラピー入門──日常臨床に活かすテクニック
S・F・アッシャー著　岡野憲一郎監訳　重宗祥子訳
セラピーを技術面中心に解説，初心者に好適　　　　　　本体3000円

解離新時代──脳科学，愛着，精神分析との融合
岡野憲一郎著
解離研究の最前線を俯瞰し臨床に生かす　　　　　　　　本体3000円

恥と自己愛トラウマ──あいまいな加害者が生む病理
岡野憲一郎著
現代社会に様々な問題を引き起こす恥の威力　　　　　　本体2000円

脳から見える心──臨床心理に生かす脳科学
岡野憲一郎著
脳の仕組みを知って他者の痛みを知るために　　　　　　本体2600円

解離性障害──多重人格の理解と治療
岡野憲一郎著
解離という複雑多岐な現象を深く広くバランス良く考察する　本体3500円

新 外傷性精神障害──トラウマ理論を越えて
岡野憲一郎著
多様化する外傷概念を捉える新たなパラダイムの提起　　本体3600円

トラウマの精神分析──自伝的・哲学的省察
R・D・ストロロウ著　和田秀樹訳
精神分析家が自らの体験をもとにトラウマの本質に迫る　本体2500円

この本体価格に消費税が加算されます。定価は変わることがあります。